ど素人がはじめる

おもわず会社を辞めたくなる
アイデア満載

起業の本

「ひとり起業塾」主宰
滝岡幸子 著

SE
SHOEISHA

目次

第1章 あなたも、いますぐ起業できる！

第2章
アイデアを「かたち」にしてください！

第3章 経験と悩みを事業にしたアイデア！

第4章 ありそうでなかった新しすぎるアイデア！

第5章 小さいことが強みになったすごいアイデア！

第6章

ピンチを乗り切った起死回生アイデア！

第7章 今すぐはじめるあなたへのアドバイス

はじめに

この本を手に取ってくださり、嬉しいです！　どうもありがとうございます☆

こんにちは、滝岡幸子と申します。ひとり起業をはじめたのは２００２年冬、その頃に比べると年々、起業への敷居が下がっていると実感します。

同時に働き方も大きく変わり、真面目で真剣だけれど、よりカジュアル、スピーディへと進化。新しいライフスタイルを創り出すために、独自の仕事スタイルを模索する人も増えました。また、起業の時期も変化しています。例えば次のように。

・事業アイデアを思い付いてすぐ
・会社員経験でスキルを習得してから
・主婦になり一度仕事を辞めたあと
・事業をいくつか立ち上げたあと
・もう一度ゼロから出発する
・リタイア後に生きがいづくりを始めたとき

本書では、そんな28名の起業家さんを紹介させていただきます。

もっとご紹介したい起業家さんはたくさんいらっしゃいますが、編集チーム全員で議論を重ねて「コレは！」と思う方々に登場をお願いしました。みなさん、起業で〝天職〟を手にされた方ばかり。天職って空から降ってくるものでなく、どうやら自分で創り出すものみたいです。起業のきっかけもひとつではないんですね。

起業するコツは〝まずやってみること〟。それに、〝自分の力を信じること〟。誰でも、「自分がやりたい方向は間違っていない」という確信と、「でもできるだろうか？」という不安の両方を持ち合わせています。だから、踏みとどまらないで、とりあえず〝やってみる〟ことって大事なんですよね。本書には、そんな要素がいっぱい詰まっています。

日本には起業家がもっと増えるべき！　だと思いませんか？　ベンチャーや新ビジネスが活性化している海外へ出て挑戦する若者が増える中、日本の中でも自分サイズで起業する人が増えるといいなと思います。そのためには失敗しても、すぐに起き上れる仕組みと風土が必要ではないでしょうか。

起業は、天職をつくるチャンス！　失敗もチャンス！

日本にも、失敗を恐れず、誰もがもう一度立ち上がれるような空気、起業家がどんどん生まれる風土が広がっていきますように！

滝岡幸子

第1章

あなたも、いますぐ起業できる！

01

不安があっても大丈夫、あなたらしい起業の方法がきっとあります！

この本を手にしているあなたは、もしかしたら「きちんと計画を立ててから起業しないとダメ」、「すごい人じゃないと起業できないのでは？」と思っているかもしれません。私が主宰する、ひとり起業塾セミナーには、そんな不安をお持ちの方が多く参加されます。結論から言えば、「大丈夫、大丈夫！　あなたらしい起業の方法はありますよ！」。みなさん、自分にあった形で起業されています。

誰もが自身の長所を活かして起業できます！

この世の中に生まれた時から起業に向いている人なんていません。起業家が全員持ち合わせているのは、起業する**きっかけ**があったこと。

もし、今、「起業できるだろうか」という不安を抱えていても大丈夫。人は、一週間で変わることができます。正確に言えば、「できるだろうか」と自信のなかった人でも、**起業に向けた準備をひとつはじめる**という小さな変化を起こすことができます。これは、全国各地の起業セミナーに講師として呼んでいただき、「起業をしたい」という多くのみなさんにお会いして実感したことです。

起業準備をまだはじめていない場合、それは今まできっかけがなかっただけ。小さな一歩を踏み出す**きっかけさえあれば**、**起業に向けて階段を上ることができます**。

1-01 不安を抱えていても大丈夫。まずは最初の一歩を！

起業しているのは「身近な人」ばかり！

私も起業する前は、みなさんと同じように一歩を踏み出すのに躊躇していました。私が会社を辞め、独立起業する決意ができたのは、**同年代の起業家に会った経験が大きなきっかけ**だったかもしれません。

起業をテーマにした交流会で、同年代の男女に「代表取締役」と書かれた名刺をもらってドギマギしました。みな、ふつうのスーツやかわいい格好をしていて、ふつうの外見でした。お話をしていても、まるで友人のように接することができました。ただ、それまでの経歴の凄さに驚くことも多かったですし、知れば知るほど、その「努力」には目を見張るばかりでしたが。

起業家はあなたの周りにも、実はたくさんいますよ。近所でパン屋さんやラーメン屋さんを開いた店主さん、〇〇事務所を掲げる所長さん、美容院のオーナーなど、生活密着型の起業家から、六本木ヒルズにオフィスを構えるＩＴ長者、上場企業の社長さんまで、さまざまなタイプの起業家がいらっしゃいます！

02 起業したあと、成長タイプは3つ 小さい会社型、ゆっくり拡大型、急成長型

起業家には、**図1－02**に示すように3つのパターンがあります。

私の場合、起業以来ずっと❶で身の丈に合ったひとり起業を続けていますが、実は2002年に会社を辞めて起業した当初の思考は❸に近く、「年商は何十億円、そして株式公開（IPO）できたらカッコイイ」と真剣に思っていました。でも起業1年目にプチうつ病にかかり、仕事を休んで「自分は、本当は何がしたいのだろう」と考えてみると、ひとりで仕事がしたいという気持ちに気がつきました。急成長のベンチャーにしたいと思っていた気持ちとは裏腹に、ひとりでじっくり地道に仕事がしたいという本音に自分自身とても驚きました。起業で目指す方向がその道半ばで変化することもあるのです。

私が経営コンサルティングをさせていただいている中小企業の社長さん達も、当初、ひとり起業家だった方が多くいらっしゃいます。ひとりでお店をはじめ、そのビジネスが軌道に乗ってくるとアルバイトを雇い入れ、徐々に売上が増えて店の運営の一部を任せてみる。個人事業主として起業したけれど、従業員が増えたので会社を設立し、店舗をもう1つ増やすという形です。その繰り返しで、ゆっくり会社を成長させてきたのが、❷に当てはまる社長さん達です。

また、IT起業家には「最初からIPOを狙う」という❸のパターンも多いです。最新モバイル

1-02 起業家３つのパターン

❶ ひとり起業・小さい会社型……ずっと一人起業、小さな会社で続けていく

❷ ゆっくり拡大型……小さくはじめて、ゆっくり大きくなる店舗拡大型

❸ 最初から急成長型……最初から急成長、株式公開を目指すスタートアップ型

機器（以前なら携帯電話、今ならスマートフォン）向けのサービスを短期間で開発して一気に市場シェアを取り、たとえば新興市場のマザーズなどでＩＰＯして億万長者になる、という生き方です。

自分にあった成長パターンを見極めよう

自分に適した成長パターンは、起業する事業分野や望む生活スタイルによって違います。たとえば、アパレルや飲食店などの「実店舗」であれば、❶または❷が望ましいでしょう。❸のような急成長型は正直、やめたほうがよいと思います。一気に店舗数を増やしてすぐに潰れてしまったパターンを数多く目にしました。店舗型ビジネスでいきなり店舗数を増やして急成長できるのは、同じ業界で経営者として相当な経験を積んだ辣腕経営者がいる場合に限ります。

ＩＴの最新技術を持ち、斬新なビジネスモデルを考えついた起業家なら、❸は可能でしょう。その実現には、起業家本人の資金調達能力と財務に強いスポンサー、寝る間も惜しんで働く仲間が必須です。一方、「ワークライフバランスを大切にしたい」場合は、❶か❷がおススメです。

03 起業のメリット、デメリット

「起業したい。でも起業したら、自分の生活はどうなるのだろう。上手くいくだろうか？」と悩んでいる方もいらっしゃるかもしれません。起業することの**メリットとデメリット**を一緒に考えてみましょう（図1－03）。

交通費がすべて自腹

私が起業した当初、驚いたのは、どこの会社へ営業に出掛けるときも、交通費を自分で払わなければいけないことでした。会社に勤めていたときは、営業先に行く電車代も新幹線代もすべて会社が負担してくれました。ところが起業すると、**どこに行くにも自腹なんです**。毎日、電車の中で運賃はいくらかヒヤヒヤしていました（笑）。「はやく仕事を取って、この交通費500円分をプラスに変えなくちゃ」と焦ったものです。

その一方で、起業後は、どこの会社に行っても、誰に会っても、自由な発言ができるようになりました。「こんなことがしたい」と言いやすくなったのです。時間の使い方も自由になりましたが、「自分がすべてなので、もし倒れても、誰も助けてくれない」というプレッシャーも生まれました。

会社員時代は、上司にかなり守ってもらっていたのです。失敗への対処も良いアドバイスも励ましも、すべて助けてもらっていました。そんな上司や会社の信用力を築いてきた先輩たちへの「ありがたみ」をしみじみと感じたのは、起業後のことです。
好きな仕事と自由の裏側にあるのは、自己責任とプレッシャー（責任感）でした。しかし起業後は、プレッシャー以上のやりがいと素晴らしい人達に出会う喜びを感じることができています。

1-03 起業のメリット・デメリット

メリット

- 自分の好きな仕事、やりたい仕事ができる
- 世の中の誰かに役立つ仕事を自分で探して作ることができる
- 収入を得ながら、やりがいも得られる
- 働き方、一日のスケジュール、休日を柔軟に決められる
- 自宅で働ける時間が増える
- 従業員を雇えば、世の中に雇用を生み出せる
- 将来のキャリアを自分で決められる
- 決済権が自分にあるので、意思決定を早くできる
- 新しい挑戦ばかりで、毎日ワクワクできる
- 小さな会社を経営する場合、組織の枠に縛られることがない

VS

デメリット

- 安定した収入は得られない
- 従業員を雇えば、従業員の給料を支払う責任が生まれる
- 企業が持つ社会的信用力はない
- 経理、総務、人事など、最初はすべて自分で行わなければならない
- すべてが自己責任になる

04 パソコンとスマホがあれば、すぐにでも起業できる時代になりました

パソコンやスマホ（スマートフォン）がひとり1台の時代になり、起業がとても簡単になりました。パソコン1台で、自分のお店やサービスをオープンするのも簡単です。

売りたい商品があれば、実店舗は必ずしも必要なくネットショップでOK。ネットショップを無料で作るサービスも山のようにあります。名刺だって、インターネット上の無料テンプレートを使い、すぐに自宅プリンターで印刷できます。

特に、個人のサービス業は、名刺一枚とスマホの電話番号、メールアドレスさえあれば思いついたその日に「屋号」を決めて開業できてしまいます。たとえば、次のように。

手作りアクセサリーをネットショップで販売する

自分で作ったアクセサリーが、自宅のタンスにたくさん眠っているならば、その日のうちに無料ネットショップ作成サイトでページを制作し、自分のネットショップをオープンできます。タンスから出してきた手作りネックレスを、リビングの机に置いてスマホで写真を撮影。写真データをすこし明るく加工し、先ほど作ったネットショップにアップして商品名と価格を入力。ネットショップにアイテムを載せて、お店らしくなりました。これで、お店のでき上がりです。お客さん集めはこれからだけど、1日でお店に10個の商品が並びました！

1-04 パソコンとスマホで低コスト、低リスクで起業できる

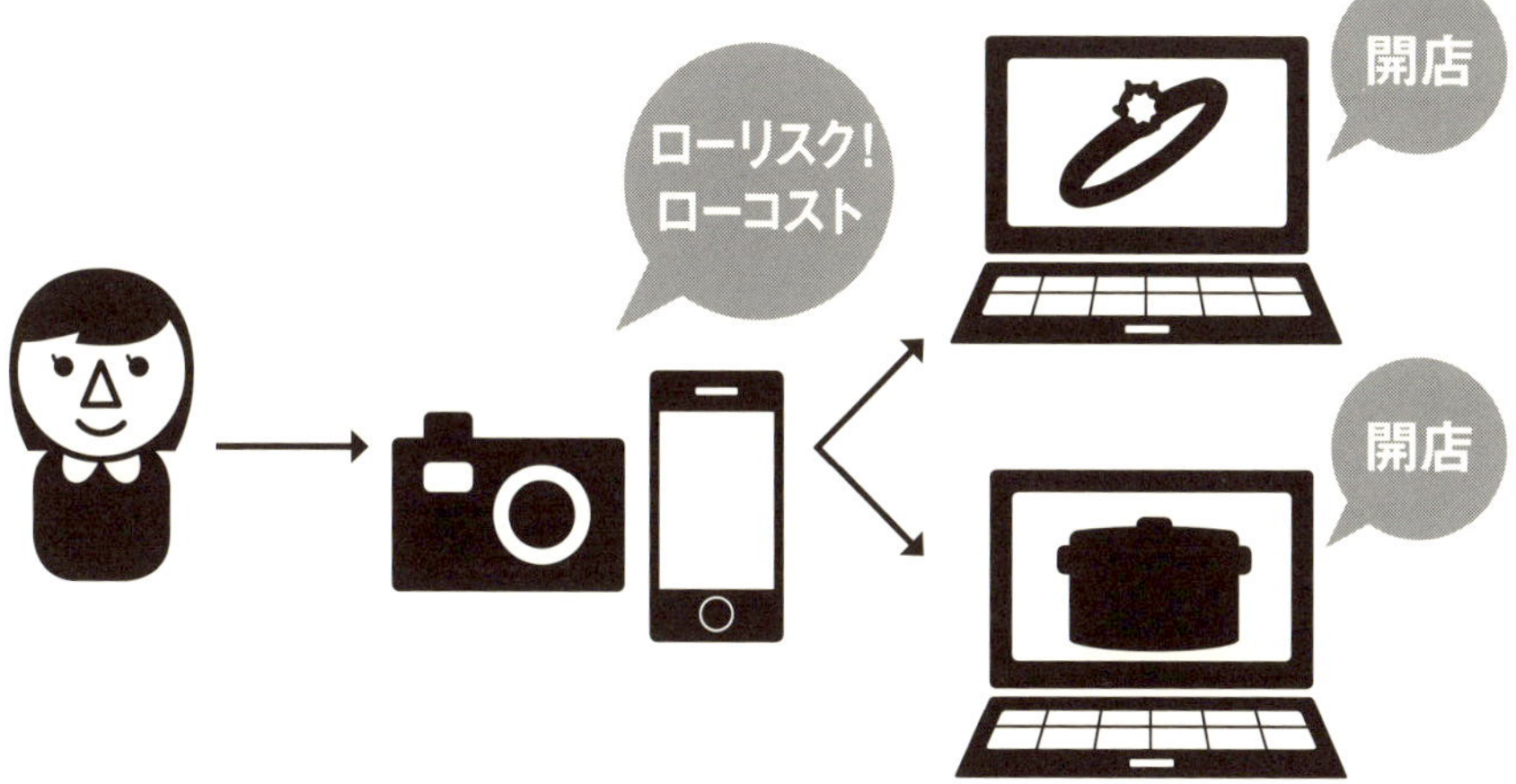

輸入雑貨屋として起業する

スペインに2年間、留学した男性の例です。その方は現地で多くの友達ができ、そのうちのひとりが食器を作る小さな工房に勤めていました。そこの食器はとても鮮やかでカラフル。見るだけで元気になります。いくつか購入し、「日本で買えるか?」と聞くと、まだ海外には卸していないとのこと。そこで、彼はネットショップを立ち上げ、知り合いの雑貨屋にも持ち込んでみようと思いました。すぐにスペイン文化と雑貨を紹介するサイトを立ち上げ、スペインの友人達と撮った写真をいっぱい載せて運営しています。

低コスト、低リスクでの起業

昔のように、「実店舗をつくって、周囲からお客さんを呼び込む」だけが起業の方法ではなくなりました。「パソコンとスマホで簡単に起業してから、ビジネスの方向性を再度練り直して、実店舗を作る」ことができ、初めの一歩がとても簡単になっています（**図1−04**）。とても低コスト、低リスクで起業ができるのです！

05

いきなり会社を作る必要なし まず100円を稼ぐことから考えてみよう

「起業するには、どのようにすればよいか？」その答えはひとつ。「まず何かを売って、100円を受け取る方法を考えてみましょう」。そう、まず小さくはじめてみることが大切なのです。

起業家といえば、1999年に株式市場に新興企業向けのマザーズ市場が開設されて以来、六本木ヒルズに住むIT起業家のようなイメージを持つ方が多くいますが、自分が生きていく食い扶持となるビジネスをゼロから作り上げる人は全員、起業家だと私は思っています。たとえば、路上で自分の描いたイラストや文字を売っているアーティストも、家賃なし・宣伝費なしで、お客さんにパフォーマンスと営業トークを繰り広げ、1枚数百円で売ってしまうのですから起業家のひとりと言えます。そのうち、小さなアトリエ兼店舗を構えてしまうことだってあるでしょう。また、会社勤務生活で身につけたスキルを週末に提供し、数千円の報酬をもらって副業する人もいます。最初から大きく稼ぐ人はいません。どんな起業家も最初は、数百円、数千円の単位の報酬をもらって手応えを感じて、ビジネスとして拡大していく人が多いのです。

会社を作る必要なし

「会社を作る必要がありますか？」という質問をよく受けますが、起業当初は会社を設立しなくても大丈夫です。たしかに、信用力を得るために法人（株式会社、NPO法人など）を設立すること

1-05 ほめられたことから小さくはじめる

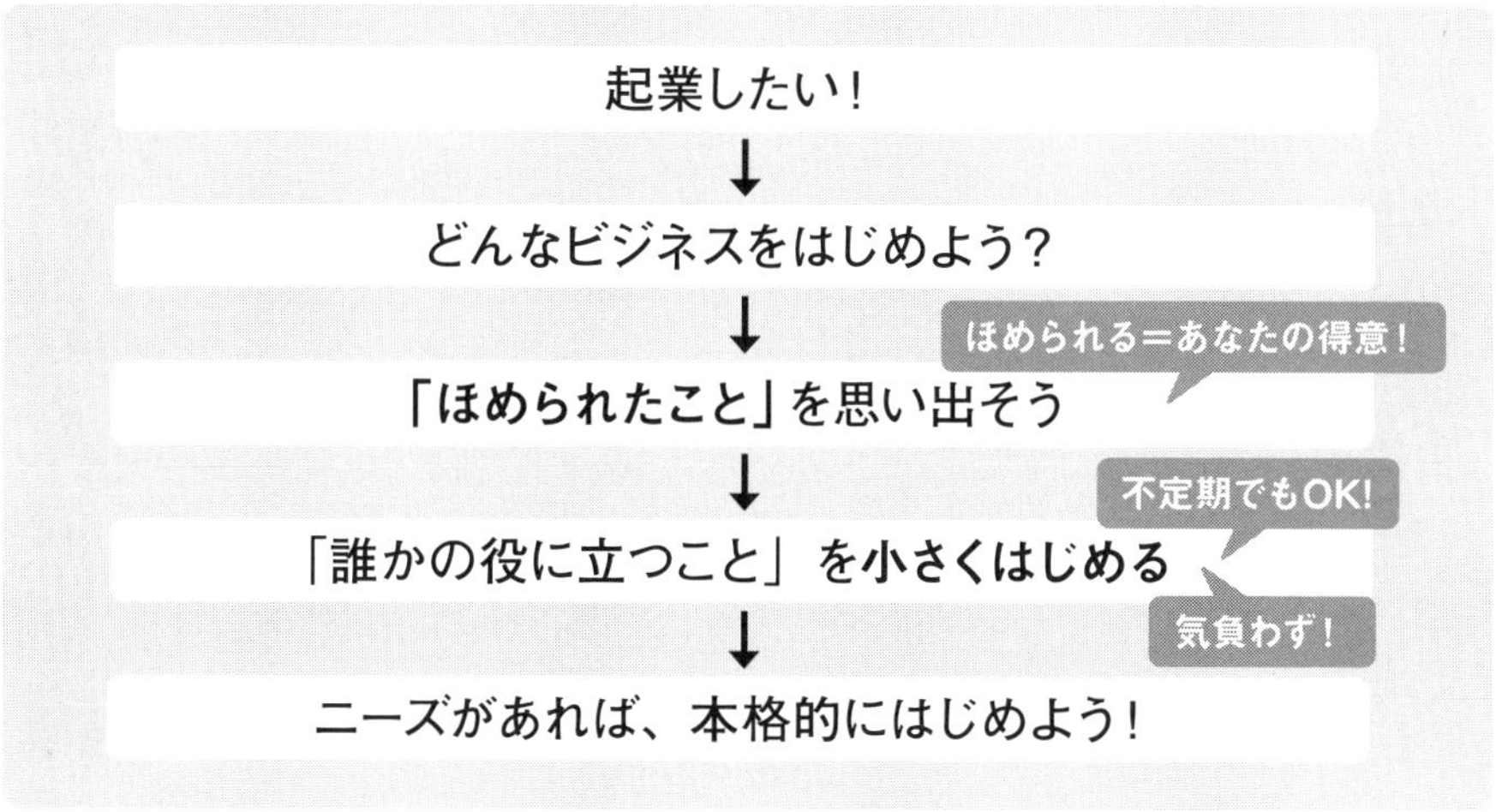

にはメリットがあります。しかし、必要だと感じた段階で法人を設立すればOKです。

まずは、何かを売って100円でも収入を得ることを考えてみましょう。小さな一歩を踏み出すことで、あなたのビジネスの扉は開いていきます。

「他人にほめられたこと」を思い出そう

あなたは他人にほめられたことはありますか? それは、どのような内容でしたか? 「怒りっぽいお客さまへのクレーム処理が上手」「女性なのにバイクに乗れてカッコイイ」など、ほめ言葉に思わずハッとした経験もあるのではないでしょうか。

実は、あなたの「得意」はあなた自身より他人のほうが気づきやすいものです。他人が気づいたあなたの得意分野はビジネスになる可能性が高いです。その得意分野を活かして、誰かの役に立つことをはじめてみませんか? はじめはボランティア価格でもよいでしょう。人助けのつもりでやっているうちに、思わぬ潜在ニーズに気付くかもしれませんよ(**図1-05**)。

06

複数の収入源を持とう パラレルキャリアで収入を確保する

長く不況が続く日本。安倍政権を中心に経済政策としてアベノミクスが実施され、２０１４年４月からは消費税も８％になりました。日本が景気回復できるのか世界中から注目を集めていますが、少子高齢化と新しい産業を伸ばせないジレンマで経済的な衰退をしている日本においては、国自体のビジネスモデルをガラリと変え、海外から資金を集めるようにしなければ、この流れはずっと続いていくでしょう。

今はひとつの仕事だけを頼りに、定年までの数十年を働くという働き方では安心できません。世界中のほとんどの地域にインターネット環境が整備され、多くの人的仕事がＩＴ化され、日本国内の仕事は安い労働力のある海外に外注されています。

こんな不安定で急速に変化する時代には、**働き方を分散してリスクヘッジしておくことが大切です**。収入源をひとつにせず、複数の仕事を同時進行で行いましょう。現在の仕事以外に、種類の違う「第二の仕事」をパラレルキャリアとして持っておくこと、たとえば**副業もおススメです**。第二の仕事とは、具体的にどのような業務なのか？　その事例を紹介します。

副業で足つぼマッサージ

都内の会社に勤める三郎さんは、昼間は会社で働きながら、副業で台湾式足つぼマッサージ店を

1-06 通年売れるアイテム売って売上を安定させる

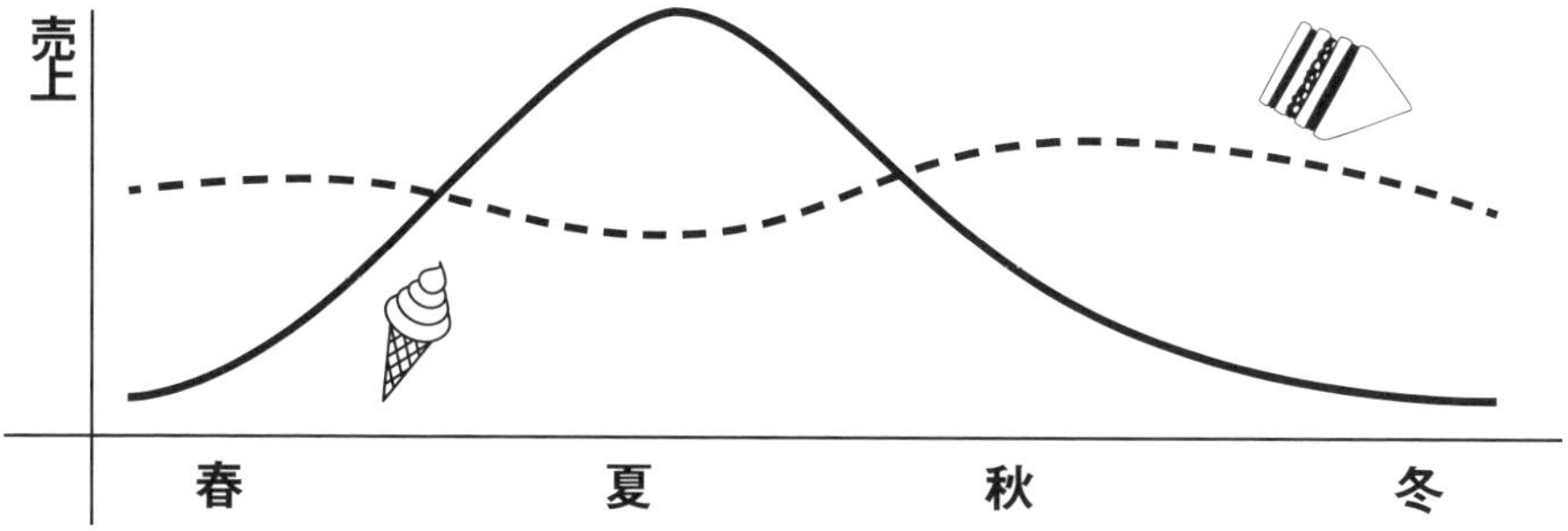

運営しています。三郎さん自身は足つぼマッサージを行う技術は持っていないけれど、台湾出身で足つぼ療法の技術がある人を雇用。平日の夕方以降や休日に、店舗運営の指導に足を運んでいます。

アイスクリーム専門店ではサンドイッチを売ろう

この**複数の収入源を作るという考え方は大変重要なポイント**です。従業員が何千人もいる大企業でも、ひとり起業家でも考え方は同じ。「複数の事業分野を持ち、収入を得るタイミングがそれぞれ違う時期になるよう、ビジネスを構築すること」が大切です。

私はひとり起業塾セミナーで、アイスクリーム専門店の事例をよく挙げるのですが、アイスクリームは〝季節商品〟の傾向が高く、一番多く売れるのは暑い夏場ですね。暑いシーズンが長い地域ならよいのですが、アイスクリームだけに売上を頼ると、夏以外の売上は激減します。アイスクリームのクリスマスケーキなどで、冬場に売上を伸ばすことはできますが、やはり不安定。年間の売上が、夏の暑さに依存してしまうビジネスなので、ひとり起業家にはおススメできません。

美味しいアイスクリームを売りたい場合は、年間通して売れるサンドイッチをメイン商品にしたり、くつろぎ空間を売るカフェを併設するなど、収入源をいくつか確保することが鉄則です（**図1－06**）。

07 ワークライフバランス重視なら、「どのように働きたいか？」を考えて起業する

私が講師を務める、ひとり起業塾セミナーには、20代から70代の男女が参加されています。起業したい理由はさまざまですが、ワークライフバランスを重視する生活に変えるためという方も多くいらっしゃいます。ワークライフバランスを整えるとは、仕事だけでなく、プライベートも大切にするということです。子育てや親の介護など、人生には多くのキャリアチェンジの瞬間があります。「会社での長時間勤務の働き方を変えたい。起業して、家族と過ごす生活時間を増やしたい」という考えで、起業準備をされる方は多いです。

理想の生活スケジュールを書き出そう

働き方を見直して一日の生活スケジュールを変えるために起業する、というのは良い選択だと思います。その場合、「どのようなスケジュールで一日を過ごしたいか？」を書き出してみてください。思い浮かべる理想で大丈夫ですよ（**図1－07**）。

理想の生活スケジュールを書き出してみると、仕事時間はいつになりましたか？　夜中、早朝、9時から14時まで、21時から23時までなど、細切れの時間が出てきたでしょうか。

事業内容は、その時間帯にできる仕事を選ぶという考え方で組み立てます。たとえば、キッチン雑貨の実店舗を開くとすると営業時間が10時から19時になるけれど、ネットショップなら、早朝、

1-07 理想のスケジュール例

6:00 ～ 9:00	朝食づくり、朝食、掃除、洗濯、その他雑用
9:00 ～ 13:00	仕事
13:00 ～ 13:30	昼食
13:30 ～ 17:30	家族と過ごす、買いもの
17:30 ～ 18:00	夕食づくり
18:00 ～ 19:30	夕食とお風呂
19:30 ～ 21:00	家族と過ごす
21:00 ～ 24:00	仕事（メール返信、明日の準備など）
24:00 ～	就寝

午前中、夜中だけで回していけそうだな。お弁当屋をやりたいけれど、午後以降は仕事をしたくないので、一日中営業せず、朝からランチ時間だけ移動販売で営業しようなど、仕事にあてる時間から割り出した、業種、業態選びです。

起業して、介護と仕事を両立する

働く曜日を選ぶという方法もあります。たとえば、金曜から日曜の週３日は、長野県に住む親の介護で長野に行きたいので、働くのは月曜から木曜の４日間にし、その間に外回りの仕事をすべて入れようといった具合に考えるとよいでしょう。

親の介護と仕事を両立したい方は40代以降の男女に多いです。みなさん、長くお仕事をされ、そのご経験やスキル・技術もとても高いものをお持ちです。でも介護という大変な仕事があり、仕事人生を中断せざるを得なかった。悔しいけれど仕方がない、そう思いながら、「もう一度、仕事がしたい」と決意して、ひとり起業塾にいらっしゃるのです。**起業して、介護と仕事を両立する生き方もあります。**

08
短所の克服も起業のヒントにつながる

自分の得意なことや強みだけが、起業する上での武器になると思い込んではいませんか? 自分の弱みや短所、悩みなどで苦しんだり、つらい経験をしたりしたことも、社会に役立てることができれば、ビジネスとして成り立たせることができます。

同じ悩みを持つ人が集う場を作り、共感しながら解決を目指す

悩みというのは、(当たり前ですが)「なかなか解決方法が見つからない」から、困るのです。周りには相談しにくい上に、明確な解決方法を知っている人はまずいないといってもよいでしょう。そんな悩みに悩んだことや自力で解決できたことは、あなたの財産です。「解決した経験」はもちろん、悩んで辛い思いをしたことも、同じ悩みで困り果てている人達のために役立つはずです。直接あなたが解決してもよいですし、解決方法を伝授してもよいでしょう。

セミナーやセラピーのように直接会う方法もあれば、本やビデオなどの媒体を通して方法を伝えることもできます。もちろん、ボランティアとして行う方法もありますが、生活のための仕事をしながらの活動は制約も大きいもの。ある程度報酬をもらいながら、しっかり時間を割いて仕事としたほうが効果も、受けた人の満足度も高いものになるでしょう。

1-08 協会を設立し利益を上げる仕組み

❶ 会員の会費を集める（年会費など）

❷ 資格を作り、資格取得の授業料をもらう

❸ イベントを開催し、参加費をもらう

❹ 悩みを解決するための商品・サービスの販売

協会を設立し、ビジネスとして利益を生み出す仕組みとは？

悩みを解決する方法として効果的と考えられているものが、同じ悩みを持つ人同士が共感し合い、励まし合う場を作ることです。それをビジネス化するステップの一例をご紹介します。

1）同じ悩み、方向性を持つ数名で、勉強会を開く
2）同好会的な集まりとして、ホームページ（ブログ、Facebookなど）を開設
3）ネットを通じてメンバー以外にも情報を発信し、参加者を募る
4）さらに活動を広めるため「協会」を設立する。法人格を得る
※NPO法人、一般社団法人、協同組合などを設立するのもよい。

同じ悩みを持つもの同士が集まる「協会」になれば、活動資金が必要になり、「収入」を生み出す仕組みが必要です。それがビジネスにもなるというわけです。収入を得るためには代表的な方法として、**図1―08**のような方法があります。

09

在宅、ネット型で働く人は、じわじわ増加中

最近、インターネットをフル活用し、自宅で働く人が増えています。普段着のようなカジュアルな格好で、住宅の多い駅近のカフェで書類を読んだり、パソコンを開いて真剣に仕事をする人を多く見かけます。ノートパソコンを持ち歩き、カフェや現在急増するシェアオフィスで仕事をする、いわゆるノマド型の働き方です。

私の場合、勤めていた外資系コンサルティング会社が、ノートパソコンを社員に配布してオフィスに席を定めないフリーアドレス制をいち早く導入したことに影響を受け、起業した2002年当初から薄型ノートパソコンを持って、クライアント先やカフェで仕事をするノマド型で仕事をしてきました。当時はカフェや新幹線のホームでパソコンを開くと、物珍しさに周囲の人がチラリと見たので、その目線が気になって仕方ありませんでした。今では、道端にしゃがみ込んで、ノート型パソコンを覗き込みながら電話をかける営業パーソンを見かけるのは、ごく普通の光景になりました。

在宅、ネット型で働く人が増えた背景には、高速なインターネット接続の料金が年々安価になり、あらゆるビジネスがネットを介して行われ、SNSなどネット上の無料コミュニケーションツールが増え、自宅でも世界中のいたる場所とのビジネスが可能になったことがあります。

1-09 代表的な在宅、ネット型の起業パターン

● 少人数で運営のネットショップ

● 自宅オフィス型

近所の主婦を対象とするマーケティング会社、電話でカウンセリング業、時間予約制のマッサージ業、ピアノなどのお教室

● フリーランス型

ライター、翻訳、システム構築・プログラマー、Web デザイナーなど

在宅、ネット型で自分にあったワークスタイルも

自宅オフィスでも、**パソコンと電話があれば、実際のビジネスの半分はまかなえます。**商品の仕入れも、商品の詳細さえ知っていれば、自宅で可能。もちろん注文を受けることもできます。ネットを活用するライフスタイルを中小企業で応用する経営者も増えました。たとえば、都心の店舗は従業員に任せ、社長は郊外にある自宅近くの店舗に朝だけ顔を出し、自宅で店舗から毎日送られてくる売上報告メールを確認し、電話で指示をする、なんていう女性経営者もいます。

在宅、ネット型で働くメリットは、「カレーの鍋をコトコト煮ながら、その横で仕事をする」という家事と仕事の両立により時間が作れること、通勤時間がなくなること（もちろん、そのデメリットもありますが！）などです。

ワークライフバランスを重視したいと考える人にはとても良い選択です。また、ビジネスの拠点となる自宅も、場所は問いません。北海道や沖縄はもちろん、団塊ジュニア世代を中心に海外に住みながらネットで仕事をする人が増えています（**図1―09**）。

10 拠点を持つなら最初は自宅を検討、レンタルオフィスという形も

起業するとなると、拠点がほしくなります。広々とした事務所にかっこいい机、打合せスペースもほしいなぁなんて、いろいろ構想が膨らみます。でも、仕事が安定しないうちに事務所を賃貸するのはちょっと心配ですよね。大丈夫です。事務所がなくともビジネスを進められる時代になっています。極端な話、携帯電話とパソコンだけで事業をはじめる人も少なくないのです。

それでもどこかに拠点を持ちたい人は、まずは自宅を検討しましょう。光熱費などの負担がないだけでなく、事業費として一部を認めてもらえますので、節税的にもメリットがあります。次の候補は友人や知り合いの事務所への間借りです。同業者なら助け合えますし、営業的なメリットもあるかもしれません。また、レンタルオフィスを利用する起業家も増えています。レンタルオフィスには、次の3つがあります。

①行政のスタートアップオフィス：創業から期間限定で立地の良い場所を安価で借りられる
②シェアオフィス：個別の部屋を借り、会議室やラウンジ、コピー機は共用
③コワーキングスペース：作業スペース、会議室やラウンジ、コピー機すべて共用

特徴は、主要駅に近い、良い立地で、サービスを多くの事業者で共有することにより、コストを安く抑えている点です。起業家と多くの出会いがあることも魅力でしょう。

1-10 コワーキングスペースのメリット・デメリット

メリット	デメリット
● 低コストでスタートできる	● 仕事に集中できない場合もある
● 多様な利用者と出会え、知識の共有ができる	● 利用者が多いと、作業スペースが狭くなる
● 仕事のコラボレーションが生まれやすい	● コミュニティが固定化する可能性がある
● 顔見知りメンバーと過ごせ、孤独感がない	● 使用ルールがあり、協調が必要となる

VS

ＩＴインフラを駆使、最小オフィスで柔軟に動こう

これらのサービスを活用すれば、ひとりや数名で起業する場合、メール、ＬＩＮＥ、ウェブデータ共有サービスなどのＩＴインフラと携帯電話があれば、固定の事務所がなくてもプロジェクトを動かすことができます。郵便受取りや電話受付サービスを利用し、資料のやり取りはメールや各種ネットサービス（コンビニで出力できるサービスもあります）を使うとよいでしょう。打合せも、カフェや打合せスペースを活用すればよく、柔軟な働き方ができます。

法人登記ができるコワーキングスペースも登場

事務所が必要という人は、その理由として法人登記の問題を上げる人が多いようです。株式会社、合同会社などの法人を設立する場合、法律に則った登記をする必要がありますが、「法人登記をどこでするか？」で悩む人も多いですね。法人登記ができるシェアオフィス、コワーキングスペースも増えたので利用するとよいでしょう。費用やサービス範囲、場の雰囲気に違いがあるので、問い合わせてから足を運んでじっくり検討してください（**図1－10**）。

column

あなたの中にビジネスの種がある！

主宰しているひとり起業塾では、ひとり起業家や中小企業はニッチ市場に参入すべきと私はよく言っています。ニッチとは、ほかにはない「個性」のことです。

自分で自分の個性に気づくことは難しいものです。アイドル歌手だって、俳優さんだって、プロデューサーや監督がその人の良い部分=才能を活かす配役を決めていますね。客観的に長所を発見する人が、それぞれのポジションを決めています。

起業も同じです。あなたが自分で考える自分の良い部分を前面に出すよりも、「他人が評価しているあなたの能力」を活かしたほうが、社会の中に、あなたのポジション=場所が生まれ、商品・サービスも売れていきます。

どうやって才能を見つけよう？

社会の中で良いと評価される自分の才能を探す効果的な方法は、過去に言われたことを思い出すことです。特に、今まで出会った人に「あなたの経歴は珍しい」、「面白いキャラクター（性格、適性）だ」と言われたことは、あなたの強みです。1つ事例を挙げながら、長所や特技の見つけ方を考えてみましょう。

苦労した経験が個性に繋がることも

鍵っ子だった男性は、小学校の頃から自分で食事を作っていました。一番好きだったのは、調味料を調合し、さまざまな味を生み出すこと。その人は大人になって、イタリア料理店を開きました。「調味料の組み合わせが面白い」と言われていたそうです。

このように自身の苦労した経験が個性に結びつくこともあります。あなたにも「あっ！」と驚かれる過去はありませんか？

第 2 章

アイデアを「かたち」にしてください！

01

事業計画書は必要なし とにかく何かやってみることがさき！

起業を考えたとき、事業計画書を作成しなければと思いがちですが、事業計画書は必要ありません。もちろん、ビジネスの先行きプランを作成して売上予測をする事業計画書は、あるに越したことはないのですが、結構クセモノなのです。作成するのに手間がかかり、文章の書き方や計算表を作成しているうちに「やっぱり上手くいかないかも」と意欲が低下してしまったり、頭が良い人ほど素晴らしい事業計画書を追い求めて没頭してしまうからです。

事業計画は、紙一枚に描くくらいで大丈夫！

事業を開始するとき必要なことは、どのような商品、サービスを売るか、お客さまはどのような人か、実店舗は持つか、ネットショップだけかなどのビジネスの全体像です。

ビジネスプランを検討する時間はとても大切なのですが、細かくきれいな資料にまとめる必要はありません。たとえば、自分で育てた盆栽を自宅の庭で売ってみる「盆栽屋さん」を起業する初期の段階で、詳細な事業計画はなくても大丈夫です。

紙一枚にメモ書きで「盆栽を1000～5000円の価格帯で、3種類売ってみよう。店の名前は、『ゲンさんの盆栽屋』にしよう、営業時間は8時から17時まで」といった要素を決めていればOKです。**やる気にまかせて一歩を踏み出して、はじめちゃうことが大事です**（図2－01）。その後は、走りながら軌道修正していきましょう！

資金を借りるとき、しっかりした事業計画書を作成する

事業計画書を細かく作成する必要があるのは、金融機関から資金を借り入れるときです。また、借り入れだけでなく、ベンチャーキャピタルや個人投資家に出資してもらう際にも必要です。金融機関は「貸したお金の返済はできるのか？」を真剣に審査しますし、投資家も起業家をとおして「出資する価値があるのか？」を見極めて出資します。

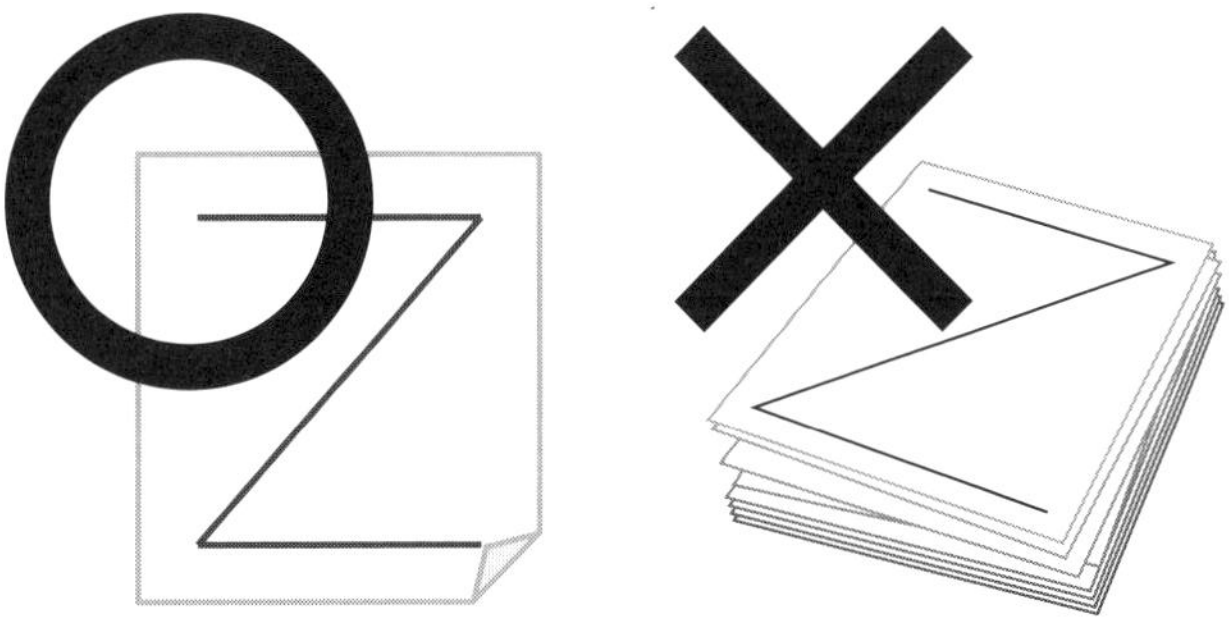

事業を拡大するとき、さらに綿密な事業計画を作成する

起業後、やがて事業を拡大させたい時期が来ます。店舗をもう一店舗増やそうか、取り扱い商品の種類を増やそうかと迷ったときは、事業計画書を作成して、どのように事業を拡大させるかについて、考える時間を持つことをオススメします。

ポイントは資料の作成ではなく、**計画をじっくり練ること**。事業計画書に盛り込む必要がある項目をじっくり考え、どれくらい利益を見込めるのか、数字を計算しましょう。事業計画書の各項目を書き出すことで、何が足りないのか、新しくどのような要素を組み込むべきなのか、見えてきます。

02

アイデアを事業化する4要素（上）ビジネスモデルと人材

アイデアを事業化するために必要な4要素があります。❶収益を生むビジネスモデル（事業アイデア）、❷事業を一緒に作り上げる人材、❸成功に不可欠な外部の協力者、❹事業を動かすためのガソリンである資金です。ここでは前半として、❶ビジネスモデル、❷人材について見ていきましょう。

❶収益を生むビジネスモデル（事業アイデア）

起業して事業を継続していくためには、売上が見込めなければなりません。「面白いアイデアを見付けたけれど、誰もお金を払ってくれない」と嘆く起業家は多くいらっしゃいます。

商品・サービスの対価である「代金」を誰かが払ってくれなければ、事業を続けることは難しい。なぜならば、売上高が、商品・サービスの原価（仕入値）や家賃、人件費を含むさまざまな経費を上回らなければ、常に赤字になってしまうからです。

起業家の一番はじめの仕事は、**売上高が伸びていくビジネスモデルを作り上げること**です。思いついたアイデアをきちんと売上が見込めるビジネスモデルに落とし込んでいきましょう。ビジネスモデル構築については、項目04「アイデアを実行しやすいかたちに。ビジネスモデルを練ろう」でじっくり説明します。

2-02 複数で起業することのメリット・デメリット

メリット		デメリット
● 得意分野を持ち寄って、作業を分担できる ● 仲間がいるので、大変な場面でも励まし合える	VS	● 複数の意見を合議するため、意思決定が遅くなる ● 方向性がズレた場合、一部の人が離れて行く

❷事業を一緒に作り上げる人材

ひとり起業をする場合は、すべての業務をするのはあなた自身ですが、複数の人とチームを組んで起業したいという方もいるでしょう。

複数メンバーで一緒に起業するメリットは、

- **それぞれの得意分野を持ち寄って、作業分担できる**
- **目標に一緒に向かう仲間がいるので、大変な場面でも励まし合える**

ことなどです。デメリットは、

- **複数の意見を合議するため、意思決定が少し遅くなる**
- **メンバーの目指す方向性がズレた場合、一部の人が離れて行く（それと同時に、事業が休止してしまう可能性もあり）**

ことが考えられます（図2−02）。

特に、人が離れてしまうと事業が休止してしまうこともありえますので、メンバーを選ぶ際には注意してください。ポイントは、あなたが行う事業に対して熱い情熱を持っている、事業に社会的な存在意義を感じ、使命感を持っている人を選ぶことです。性格があなたと正反対の人を選ぶと、補い合って良いチームワークが取れるでしょう。

03 アイデアを事業化する4要素（下）協力者と資金

アイデアを事業化するために必要な4要素があります。❶収益を生むビジネスモデル（事業アイデア）、❷事業を一緒に作り上げる人材、❸成功に不可欠な外部の協力者、❹事業を動かすためのガソリンである資金です。ここでは後半として、❸外部の協力者、❹資金について見ていきます。

❸成功に不可欠な外部の協力者

起業する際、**自分以外の人に、どれだけ多くの外部協力者を見つけられるかが、その後の成長のカギとなります**。外部協力者の主な立場として、モノの販売業であれば仕入先、生産工場、サービスの販売であれば、事業パートナーなどが挙げられます。

商品の仕入先、生産工場の協力者

ビジネスの継続には商品の良し悪しだけでなく、一緒にビジネスを作り上げる人材面が重要です。**仕入先のどんな人が一緒に頑張ってくれたかが肝心なのです**。「素晴らしい人と出会えたので、今のビジネスができあがっている」と成功した起業家のみなさんから伺います。

事業パートナー

ひとり起業家といえども、ビジネスをすべてひとりで完結させることは不可能です。プロジェクト単位で、多くの事業パートナーと一緒にビジネスを作り上げる場面が非常に多くあります。それ

2-03 事業パートナーと組むメリットとデメリット

メリット	デメリット
● 得意分野と組み合わせて、サポートし合える	● 意思決定が遅くなる
● 複数のアイデアがえられる	● 協力条件を明確にしないとモメる
● 事業ごとに違うパートナーと組める	● 方向性がずれるとモメる
● 固定費が抑えられる	● チームワーク形成に時間がかかる
● 切磋琢磨でき、事業をドンドン進められる	● 一人よりは、余計な労力がかかる

VS

ぞれの得意分野を合わせ、プロジェクトのゴールを目指して一緒に頑張る一致団結のパートナーシップが大切です。事業パートナーと組むメリット、デメリットについて、図2−03にまとめました。

❹資金は事業を動かすためのガソリン

実店舗を作る場合、外装・内装費、家賃の支払いが発生しますし、商品の仕入代も必要となり、開業前にはまとまった資金が必要となります。開業資金はできる限り少なくするのが私の信条ですが、それでもやはり、多くの資金を必要とする業種はあります。

事業の運営にも、お金が必要です。前払い制のビジネスならお客さまから代金をいただいたあとにサービスをするのでお金の回りも良くなりますが、世の中の多くのビジネスは後払い制です。

特に起業当初は、社会的な信用力もないので、あなたの商品・サービスを見る前にお金を払ってくれることは少ないでしょう。まとまった運転資金を用意してスタートすることをおススメします。

04 アイデアを実行しやすいかたちにビジネスモデルを練ろう

事業アイデアを思いついたら、ビジネスの全体的な流れと、具体的な儲け方をイメージしてみましょう。次にあげる質問に答えてみてください。あなたのアイデアを具体化していきましょう。

・売るものは何ですか？
・お客さまは、どのような人ですか？
・どこで売りますか？
・商品の価格はいくらですか？

売るものはかたちあるモノにかぎりません。人が提供するサービスもありますね。また、どこで売るかを考える際には、実店舗なのか、ネットショップのみなのか、実店舗なら最寄り駅はどこにするかなど、具体的に考えます。駅名が思いつかない場合には、オシャレな街や住宅が多い街などのイメージでもＯＫです。商品の価格も構想時点では、大まかな数字でかまいません。

どのように売るかを考えてみましょう

続いて、モノやサービスをどのような手段で売っていくか考えましょう。次の質問に答えながら、具体的な儲け方をイメージしていきます。

- **潜在顧客はどのように集めますか？**
- **どのように販売しますか？**
- **ビジネスの運営はひとりでできそうですか？**

潜在顧客とは将来、商品を買ってくれるお客さまのことです。店の前を歩く人に気づいてもらうにはどうするべきか、ホームページでも宣伝するのかなど具体的に考えます。販売方法も大切です。商品の生産を自ら行う場合には、生産と販売スケジュールを立てましょう。

ここまでイメージしたビジネスの運営は、ひとりでできそうですか？　アルバイトや外部事業パートナーの手助けが必要なのか、最初から一緒に事業を立ち上げた方が良いのか検討します。

経営資源を整理しましょう

今度は、あなたが持つ経営資源について考えてみましょう。次の質問に答えながら、イメージしてみてください。

- **考えたアイデアに役立つ、あなたの持つ経験や知識、ノウハウはありますか？**
- **足りない知識やノウハウを補ってくれる人は思い浮かびますか？**
- **起業のために用意できる自己資金はどれくらいありますか？**

足りない知識やノウハウを補ってくれる人が、すぐに思い浮かばなくても探せば良いので大丈夫です。具体的に考えた結果をどのように組み合わせてビジネス化するか、それが**ビジネスモデル**です。難しく考える必要はありません。「どのような商売にし、どのようにビジネスを日々回して、利益をどのように得ていくか？」を考えてみましょう。

05

ビジネスモデルの構築は芸術作品と同じ 美しいビジネスモデルを作ろう

長続きするビジネスモデルはとても美しいものです。ビジネスモデルの構築は芸術作品のようなもの。ビジネスと芸術はまったく違う分野に思えますが、**誰が見ても美しいものを探求する姿勢は同じです**。ビジネスを美しく設計すると、事業全体がスムーズに流れ、従業員もお客さまもハッピーになり、リピーターも増えます。儲けは、時間経過と共に増えていきます。最初から素晴らしいビジネスモデルはできあがりません。著名な画家でさえ油絵のキャンパスを何度も塗りつぶし、より良い絵を描くと聞いたことがあります。ビジネスモデルを構築する過程も同じ。一度作ったかたちを微調整し、ときには大きく修正しながら、美しいものに作り変えていくのです。

美しいビジネスモデルとは？

美しいビジネスモデルとは、一言でいえば、**すべての事業にシナジー効果（相乗効果）があり、お客さまが循環するものです**。さらに、事業のシナジー効果とは、その会社が提供する商品、サービスがそれぞれ協力関係となり、相乗効果を生むことです。身近な例では、美容院がカットなどの美容サービスを提供しながら、シャンプー・リンスなどヘアケア商品を販売するケースがあります。美容サービスを受けた顧客に商品を販売でき、また、顧客のフィードバックを受けて品質の高い商品の開発もできます。この好循環は、美容院自体のブランド力を上げ、美容サービスの潜在顧客を増やすこともできて、双方にシナジーが生まれます。

また、ショッピングモールのように、洋服を買いにきた客が、本屋によってスーパーでも食料品を購入して帰るというケースも、お客さまが循環したことになります。もっと美しいビジネスモデルの場合には、たった一店舗の中で、ひとりのお客さまが3～4年間ずっと上手く循環します。

ビジネスモデルが最も美しい場合

一番輝くビジネスモデルには、次のような要素が含まれます。

- **お客さまが、自分の大切な家族や友人を連れてくる**
- **お客さまが、従業員になることもある**

お客さまに家族や友人を連れてきていただくことで、顧客の総数が増え続けます。また、お客さまが商品やサービスを販売する側にもなりえます。従業員として、お店のファンとして購入も続けてくれますので、従業員に支払った給料がそのうち、お店の売上に変わる好循環を生みます。

この流れが循環型のビジネスモデルです。事業に関わるすべての人々が、活かし活かされている場合は、すべての人にメリットがあるので、その事業は世の中に必要とされて長続きします。

一番輝くビジネスモデルでは、顧客だけでなく、サービスを提供する側の従業員も幸せです。長く社会に愛され、なおかつ儲かっている企業の社長さんは、従業員の幸せを一番に考えています。従業員が幸せだと、その家族にもお客さまにも優しくハッピーな笑顔で接することができるので、自然とお客さまも増えていく。美しいビジネスモデルには、それに関わるすべて人を幸せにする力があります。

06 大きくはじめてはダメ！経営能力とお金に見合ったスタートを

はじめから大きく拡大したいと思う起業家さんは多くいらっしゃいます。しかし、**いきなりお金をかけて大きくはじめることは危険です**。起業家さん自身の業界経験、経営能力、資金力に見合ったはじめ方、いわゆる身の丈に合った起業が望ましいのです。

業界経験に縛られ過ぎず、小さくはじめましょう

業界には、それぞれ特有の慣習や考え方があります。その業界で常識だったやり方、考え方は、ほかの業界では通用しない場合も実は多いのです。今までと同じ業界で新事業を起こすなら良いのですが、まったく新しい業界に飛び込む場合には注意が必要です。あなたには信じられないような常識があるかもしれません。新しい業界に慣れることに時間がかかるかもしれないので、小さくはじめて、時期を見ながら拡大されることをオススメします。

経営者として必要な経営能力とは何か？

たとえば、洋服と雑貨のセレクトショップをはじめる場合に、どのような経営能力が必要になるのか、考えてみましょう。

セレクトショップの店長経験がある場合には、売上計算や、仕入れた商品の管理、マーケティング、アルバイトの採用面接、人材管理などの経験を経営能力として活かせます。

2-04 身の丈にあった起業を！

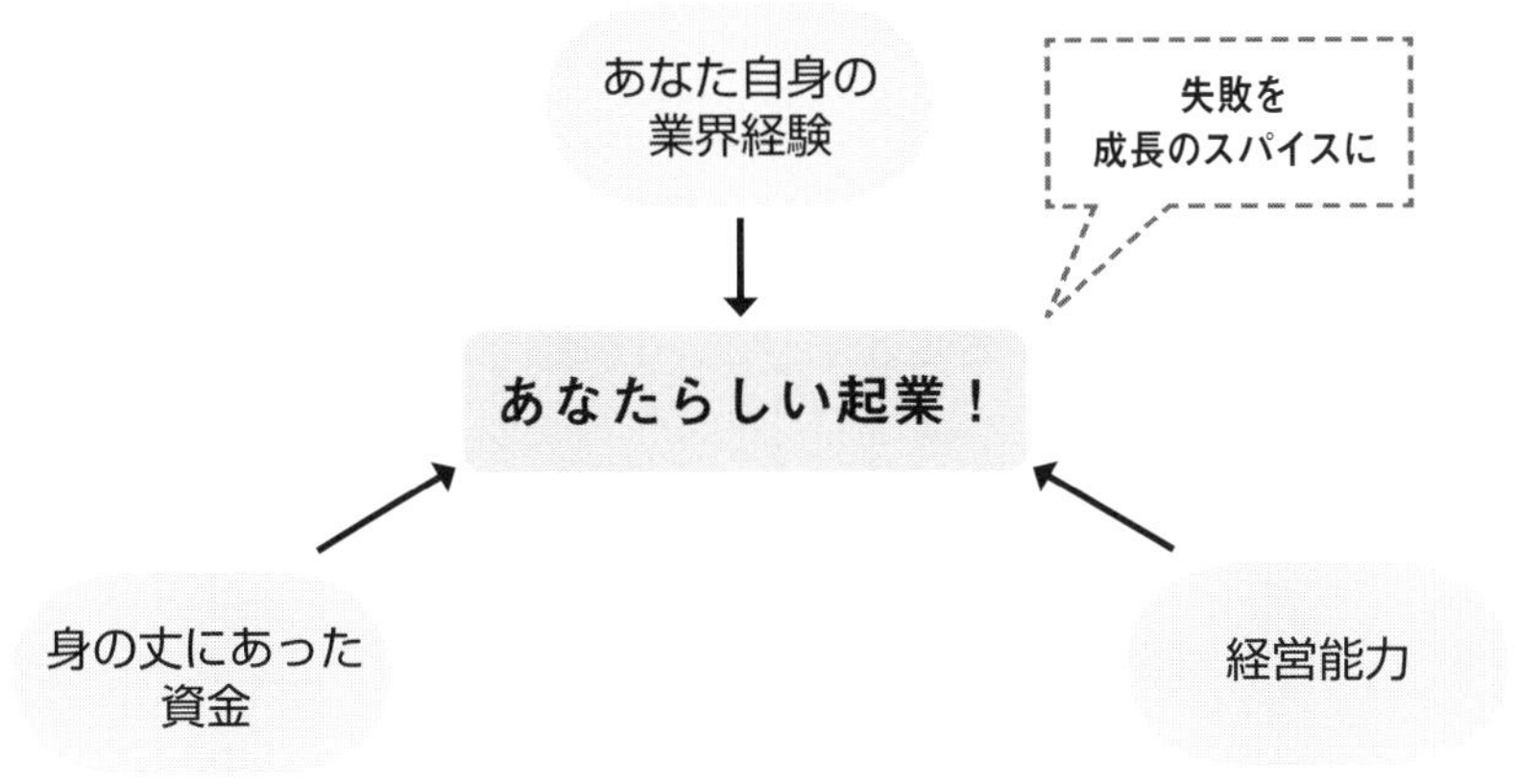

しかし同じ店長でも、会社直営店の店長さんだと経験値が異なってきます。会社が代行してくれていたこと、たとえば、売れる店舗物件を探す、資金調達、仕入先を探す、仕入先への値引き交渉、損益計算書の作成、一カ月の利益額を計算、新しい販売促進方法の検討、アルバイトへの給料支払いなどの業務は、起業後に初体験となる可能性が高いですね。店舗運営の経験がなければ、それらはすべて初体験となるでしょう。

失敗を経て、能力を高めていきましょう

どれだけ優秀な人でも、すべての分野において秀でている人は多くありません。社長さんの多くは、起業後に失敗を繰り返して悩みながら、苦労の末に得た経験と能力で、ご自身の能力を高めていかれています。

できる限りの資金を使って大きくはじめたいお気持ちを少し横に置き、**身の丈にあったかたちではじめて経営能力を上げていき、少しずつ事業を拡大していく**のが堅実な方法だと感じます（図2－04）。

07

起業当初に人材と協力者を得るコツ

成功している起業家のみなさんの人間力に驚かされ、感動する瞬間が多くあります。「食らいついてでも、事業を成功させる」という意気込みと、多くの人を巻き込みながら事業を展開していく凄さです。起業家のみなさんが持って生まれた才能だと思いますが、それ以上に、起業家になると決意したときから積み重ねた努力によって体得した能力ではないかと感じています。そんな意気込みが相手に伝わったとき、一緒に事業を作り上げる創業メンバーになってくれるのです。優秀な人材と協力者を集めるコツとして、4つのポイントに分けてお伝えします（図2－05）。

(1)ネットでリサーチする

経験のある業界であれば、誰がその業界について詳しいかはすぐにわかります。一方、初めて挑戦する分野だと、誰が協力してくれるのかさえ見当がつきません。今の時代に有効なのは、やはりインターネットです。個人や企業のホームページには「どんなことで協力できるか」の情報が公開されています。まずはネットでリサーチしましょう。

(2)とにかく足で稼ぐ。人が持っている情報は強い！

インターネットに公開していない生の情報は、業界にいる人から聞き出します。電話をしたり、会社を訪ねて直接話を聞いたり、事業に必要な情報を手繰り寄せていきます。もしかしたら海外の企業にアポイントを取り、サービスの協力をお願いすることもあるでしょう。

(3) 法人化すると信用力が増す

会社と取引をする際、こちらが個人事業主か法人であるかで、大きく信用力が異なります。取引先が個人事業主や小規模企業と多く協力関係を結んでいる会社の場合は、個人事業主として一緒に仕事を進めていきます。相手先の企業から「取引をするなら、法人化してください」といわれて、株式会社を設立する起業家も多くいます。

2-05 優秀な人材と協力者を集めるコツ

❶ ネットでリサーチ

❷ とにかく足で稼ぐ

❸ 法人化すると信用力が増す

❹ 高い志に人はついてくる

(4) 高い志に人はついてくる

相手の心を動かすのはお金ではなく、**自身が持つ目指す高みではないかと感じます**。世の中の役に立ちたい、新しい商品を生み出したいという高い志です。若者が抱く高い志に対し、年の離れた取引先の協力者が大きな力を貸してくれたことにより、その希望が実現した話を起業家さんとの話で多く伺いました。

頑張る若者を応援する温かい応援は必ずあります。私も26歳で起業した当初、「若いあなたの希望を応援している」と協力してくれた方々に恵まれました。そんな先輩たちに励まされ、なんとかやってこられたと心から感謝しています。

08 できる限り低資金でスタートしよう 1年分の生活費を蓄えておくこと

起業には、事業の準備、立ち上げから開業するまでに使う開業資金と、起業後に事業を円滑に回していくための運転資金の2つが必要です。すぐに売上が計上されれば、その売上分から経費を払えるので運転資金は少なくてすみますが、最初から十分な売上を見込むことは難しいので運転資金が必要になります。

最初の3カ月~半年間くらいは、売上が少ないので事業運営にかかる経費を運転資金でまかなうのが現実的です。カフェを開く場合を例にして、開業資金と運転資金について、**図2-06**にまとめました。

開業資金はできる限り少なくしよう!

開業資金にドカンとお金を使いたいと考える方が多くいらっしゃいます。しかし私はいつも、「開業資金はできる限り少なく抑えてください」とお伝えしています。開業資金に多くお金を使うと、デビューは華々しいのですが、そこでお金が尽きてしまうことがあり、一番大切な事業を続けていくことが立ち行かなくなることがあります。開業資金は知恵と工夫によって少なくできます。次のような方法で、開業資金を少なくすることを考えてみてはいかがでしょうか。

- **事務所は借りず、自宅をオフィスとする(またはレンタル、シェアオフィス)**

●開業資金	実店舗物件を借りるための保証金、開店準備中の家賃、内装・工事費、外装費、テーブル・椅子、食器棚、オーブン、調理棚、食器などの什器、材料の仕入れ、メニュー表、チラシ、HPの制作費用など
●運転資金	実店舗の家賃、光熱費、仕入れなど

- **店舗の内装は業者に依頼するが、手作りできる部分は自分で行う**
- **仕入れの数量は、最小限とする**
- **高額な機械、設備は中古品を活用、またはレンタルする**
- **従業員は雇わず、少人数でスタートする**

1年分の生活費を蓄えておきましょう

起業後、すぐに売上が上がっても安定した収入を得られる人は少なく、最初の一年が持ちこたえられず、廃業する人は結構多いのです。事業を継続するためには、経営者自身の体力が必要。ここでいう体力とは、資金力のことです。

最初の一年はなかなか利益が出ないこと、起業家の給料はあまり増えないという前提を知っていただき、1年間分の生活費を蓄えて起業することをおオススメします。起業したあと、最初の1年をなんとか乗り切れば、2年目はお客さまの傾向もわかり、大きな変化の兆しが出てくると思いますよ。

09

ヒット商品を狙うなら、短期集中型で収益を得よう

常にさまざまなヒット商品が生まれては消えています。ヒット商品は、新しいものへの欲求を満たす刺激物です。斬新さ、新しい価格設定、高級感、オシャレ度、若いプロデューサーなど、既存のものに今までなかった視点が加わると、私たちの脳にはドーパミンが放出され、欲しくなります。私消費者は常に新しさを欲しているのですから、ヒット商品の寿命はそれほど長くはありません。私がマーケットにあふれる商品を見て感じるのは、**どれほど人気が出てもヒットが続くのは7年までということです**（図2-07）。

ヒット商品が生まれるきっかけは3パターン

ヒット商品になるきっかけは3パターンあります。1つは、雑誌や新聞に掲載されたことで注目され、テレビのニュース特集やバラエティ番組に取り上げられること。テレビの威力は絶大です。「口の中でトロけてしまう絶品ケーキ」なんて放送されれば、翌日には大行列ができるほどです。

2つ目は、楽天市場やオイシックスなどのショッピングモール経由で爆発的に売れる場合。ショッピングモールの巨大な集客力がものをいいます。3つ目は、ネット社会、たとえば、FacebookやTwitter、ニコニコ動画などで情報が拡散される場合。これは特に、音楽や映像など、ネット上ですべて完結できるデータ商品に多い傾向ですが、今後は商品にも広がりを見せていくでしょう。

2-07 ヒット商品が生まれるイメージ

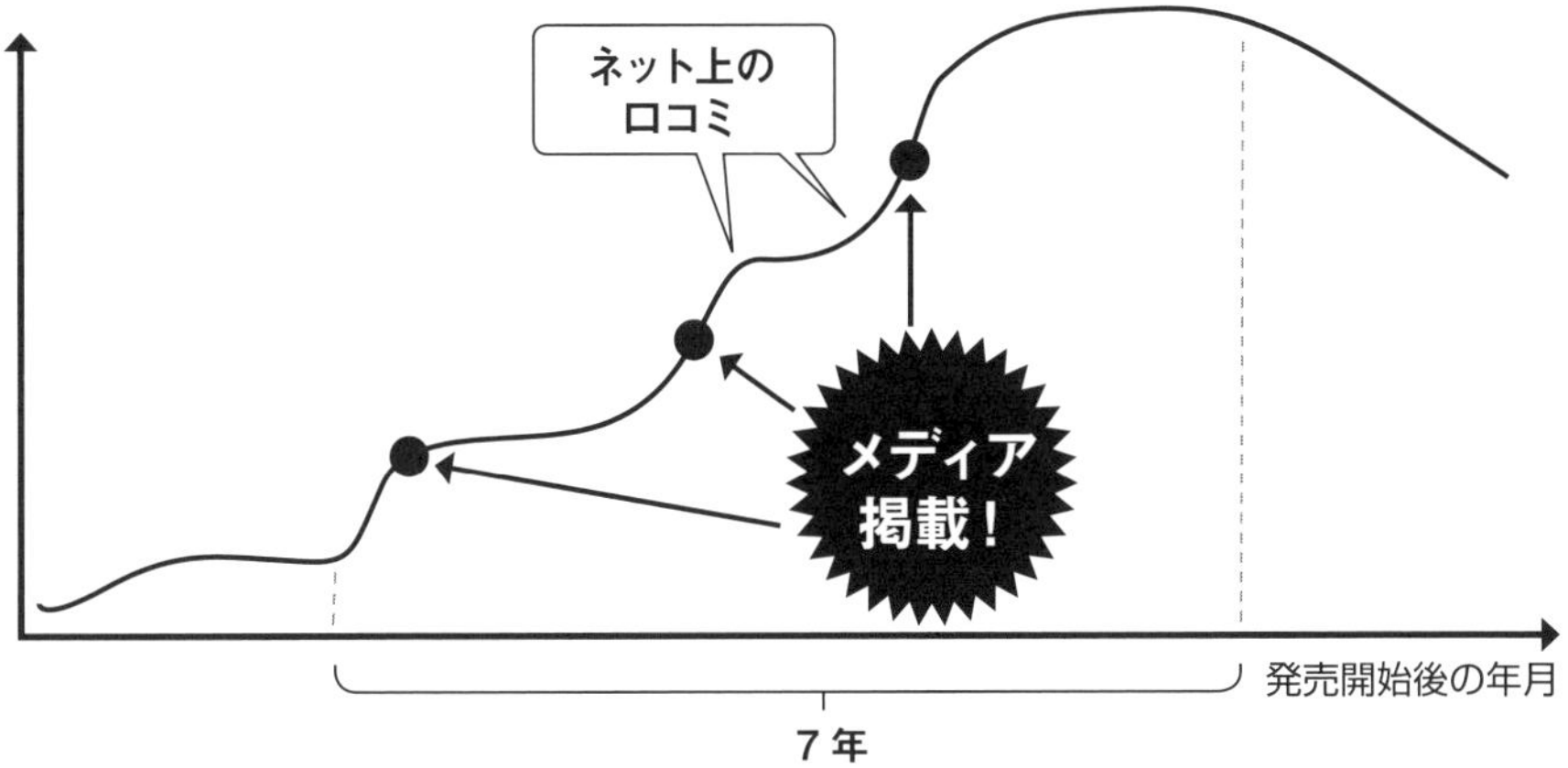

ヒットは7年間になる理由

有名になり、爆発的な大ヒット化してもその期間が7年間になる理由は2点あります。1点目は、インターネットの進展により、情報拡散の速度がはやく、すぐに他社にマネをされてしまうからです。さきほど例に挙げたトロけるケーキも、すぐにかたちも味も似た模倣品が全国で発売されることは想像できますよね。2点目は、消費者が飽きてしまうから。商品を出した当初は斬新さがあっても、模倣品が増えると、新鮮味が薄れてしまうのです。

短期集中型で収益をえよう！

斬新な商品・サービスで収益を考えているならば、最初の5年間で利益をすべて回収できるようにビジネスモデルを設計しましょう。ヒット商品の寿命は短いのです。この人気はずっと続くなんて思っていたら、利益を十分に得られないうちに廃れてしまいます。ネット社会化が進めば、このヒット期間も年々短期になっていきます。最初から短期集中型で勝負しましょう。

10

事業内容は、毎年変わるのが当たり前 定期的に進化しよう！

ビジネスモデルを上手に作らなくてはと気負う必要はありません。私も起業する前は失敗したくないと思っていました。その考え方が間違っていると気づいたのは独立してからです。売上が伸びていく事業を作る気持ちはとても大切ですが、事前に考えたとおりに進むことはありえないのです。独立してはじめて、**失敗したもの勝ちであり、事業内容はすぐに変わってもいいことに気づきました。**

勝ち残っている企業は事業内容を柔軟に変化させており、適切な時期に儲かる事業に転換しているのです。たとえば、次のような事例があります。

Aサービスを考案し、A事業を行う会社がありました。しかし、Aサービスはそれまで世の中になかったので、認知度を上げるまでに長い時間を要することがわかりました。そんなとき、サービスの利用者から要望のあった商品Bの販売をはじめたところ、売上が急速に伸びていきました。アルバイトも雇って事業を拡大し、商品Bの売上が全社売上の8割を占めるように……。起業して5年経った頃、Aサービスの利用者も一定数を超え、収益も伸び始めました。今では、総売上に占めるA事業の割合も順調に増え続けています。

1つの事業計画にこだわらず、柔軟に対応したことで、当初の案も事業化できた良い事例ですね。

積極的に進化しよう！

以前、インターネットを最大限に活用する企業のサービス約款が2カ月に一度変わるので、驚いたことがあります。それも約款変更のお知らせメールが届くだけなのです。変更内容を確認すると、顧客の要望を取り入れて、**作業効率を改善するためのマイナーチェンジを繰り返していました**。良い意味での改善であり、その変化のスピード感には驚かされます。

変化を起こせることは、起業家の大きな力です。売上を伸ばす社長ほど、より売上が伸びる、利益率の高い事業を常に探していますし、ある事業を撤退する勇気も持っています。

事業は変化させてもいいのです。最初に考えたビジネスモデルにしがみつく必要はありません。もちろん、必ず芽が出る事業だと信じて続けてください。しかしその一方で、この事業は撤退したほうがいいと感じれば、真剣に内容を精査して、新しい事業をはじめれば良いのです。勝ち残っている企業ほどそんな変化、いや進化を繰り返しています（**図2−08**）。

2-08 変化のはやい市場で生き残る秘訣

1. お客さまのニーズに合わせ事業転換する
2. 新しいチャンスを探すため、多くの人に会う
3. お客さまの細かい要望をヒアリングする
4. カスタマイズする柔軟性を持つ
5. 少ない人員で効率的に動く

11 起業するかどうかを決めるには、社会的に求められているモノかを考えよう

起業前の読者のみなさんには驚かれると思いますが、起業するのは実は簡単です。**より難しいのは事業を続けていくことなのです。**事業を継続するための判断基準には、市場の状況、財務状態、人材、経営者の健康などのさまざまな観点がありますが、一番わかりやすいのは「社会で求められているモノ、サービスであるか?」という問いです。次のような5つの観点から考えてみましょう。

❶困っている人を本気で助ける事業かどうか?

たとえば、貧困にあえぐ国の子どもを助ける、女性が経済的に自立する支援など、人間同士が助け合う発想が強い事業などは社会のニーズが高く事業を継続していくことができるでしょう。

❷適切な価格で役立つモノやサービスを提供しているか?

手間のかかる作業や知識がないと困難なことを、簡単にしてくれるモノやサービスはありがたいものです。時代の進化に伴って必要とされる新しいモノやサービスを、消費者の買いやすい価格で提供しているかどうかをチェックしてください。

❸面白いことを世の中に提案し続けているか?

誰よりもはやく、新商品を手に入れたいタイプの人にとって、斬新で面白い商品を生み続ける会社はなくてはならないもののはずです。ファンが熱狂できるリアルイベントやスポーツ大会のビジ

❶ 困っている人を本気で助ける事業かどうか？

❷ 適切な価格で役立つモノやサービスを提供しているか？

❸ 面白いことを世の中に提案し続けているか？

❹ 癒しを与える事業かどうか？

❺ 誰かを専門知識でサポートする事業かどうか？

ネスもその1つです。

❹癒しを与える事業かどうか？

常に最新情報に目を向けねばならず、核家族化も進んで孤立感の高まる社会の中、子どもから大人までが疲弊しつつあります。他人から癒しの時間をサービスで受けながら、副交感神経を高めてリラックスしたいと思う人が増えています。あなたもそうですか？ 各種マッサージ、心理カウンセラー、アロマテラピーなど、ゆったりカフェ、ネイルアート、数え切れないほどの癒しを与える事業があります。

❺誰かを専門知識でサポートする事業かどうか？

私たちの身の回りに起こる問題を専門知識で解決する事業です。ある病気に特化した医療専門業、会社運営に関して経営全般、法務、財務などをサポートする士業、個人的な問題（法律、お金など）にアドバイスを行う人など。課題が起きたときに、必要とされる専門家もなくてはならないものです。

12

売上高を計算して、ビジネスが成り立つかを検証しよう

ビジネスで最初に捉える大切な数字は売上高です。売上高なんて起業する前から考えたことないという人も多いことでしょう。売上高は次の計算式で求めます。

売上高　＝　客単価　×　客数

客単価とは、お客さまひとりが1回の購入で支払ってくれるお金のことです。たとえば、スーパーマーケットで買い物をした場合、レジで商品価格の合計額を支払いますね。そのときに支払った金額があなたの客単価です。売上高を計算するときには、お客さまの支払額を平均したものを客単価の値として使います。

客数とは、1日または1カ月の単位で購入するお客さまの数です。モノやサービスを売る商売では、客単価と客数を掛け算して売上高を算出します（**図2‐10**）。たとえば、ある花屋さんに1日30名のお客さまが来店して客単価が1000円なら、1日の売上高は3万円です。

ビジネスの客単価と客数を想像してみましょう

あなたの考えるビジネスがどれくらいの売上高になるか、客単価と客数を自由に想像してみましょう。客単価であれば、ひとりのお客さまが1回の買い物で、あなたのビジネスにいくら払ってくれるかをイメージしてみます。雑貨を数点で700円、ケーキを数個で2000円、美容院なら1回

2-10 商品アイテム数を増やして、さらに売上アップ

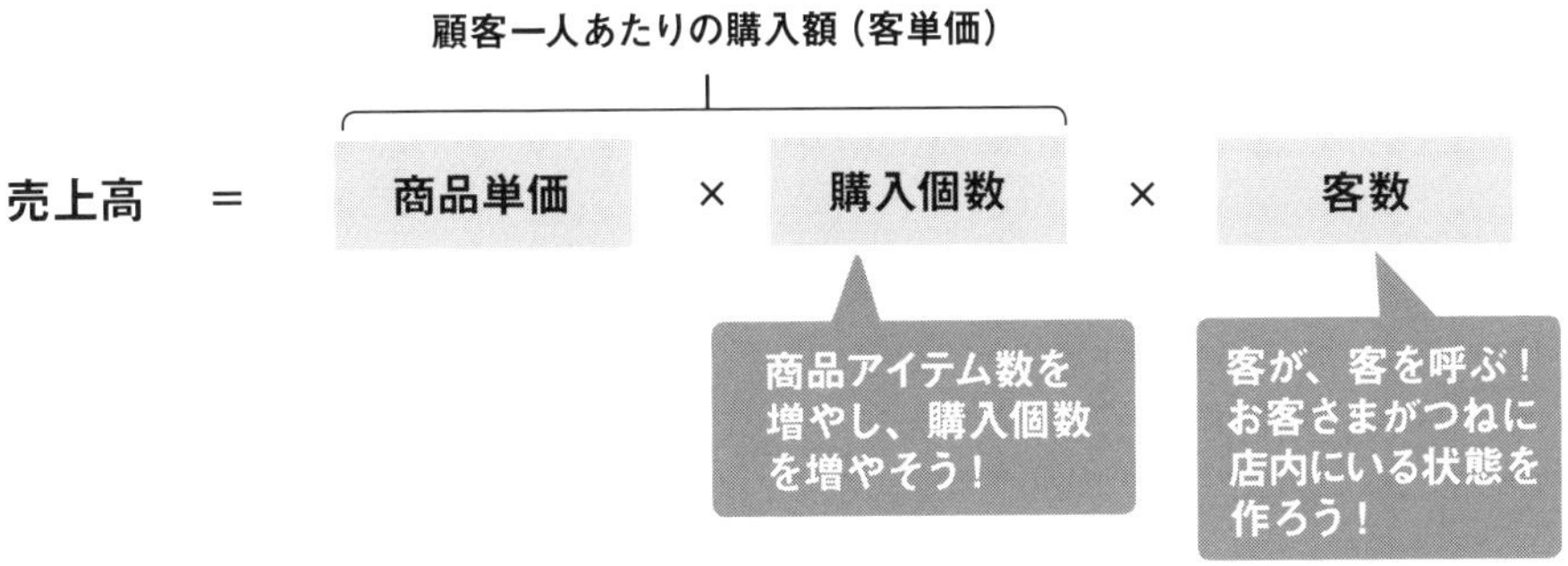
顧客一人あたりの購入額（客単価）
売上高 ＝ 商品単価 × 購入個数 × 客数
商品アイテム数を増やし、購入個数を増やそう！
客が、客を呼ぶ！お客さまがつねに店内にいる状態を作ろう！

7000円、カウンセリングで1時間1万円、または数百万円のオーダーメイドジュエリーかもしれません。

客数であれば、1日に何人くらいのお客さまが購入してくれそうかを考えます。手作りの弁当の惣菜屋さんや、お酒のつまみが自慢のワインバーなら、週に2〜3回、月に10回近い来店が望めるかもしれませんね。

ポイントは客単価と客数を増やすこと

売上高を伸ばすポイントは、客単価または客数を増やすことです。雑貨屋、花屋、パン屋など、モノを売る商売では、お客さまの好む商品を用意しておけば客単価を増やすことができるでしょう。広告や接客に力をいれて集客し客数を増やしていくことも可能です。

座席数がかぎられる実店舗の場合は、座席の回転率を上げる方法があります。たとえば、イタリアンや焼き肉などの高級食の立ち食い店では、客単価が従来の店より安くても、立ち食いによる回転率のアップで客数が増えて、サービスをする従業員は少なくてすむので、採算が取れているのです。

⑬ ネットだけで完結するサービスなら、客単価を低くしても食べていける

ビジネスの継続に必要な考え方には、売上高をどれだけ伸ばすかだけでなく、経費をどれだけ削減して利益を増やすか、という重要なポイントもあります。商売の基本は次のような計算式です。

売上高 ― 経費 ＝ 利益

売上高を伸ばしても、経費がたくさん増えては、利益が少なくなってしまいます。売れる商品、サービスを作ることは一番大切ですが、経費を少なく抑える感覚も必要です。ビジネスをはじめたあとに経費を削減する努力もできますが、起業時に、経費ができる限り少ないビジネスを自ら作り上げることもできます。究極の方法はネットだけで完結する事業です。

ネットだけで完結する事業とは、ネット上で営業、受付、商品の提供、集金、アフターサービスのすべてを行ってしまうビジネスです。インターネット接続料は年々下がっていますし、ネット上にある低価格なサービスと組み合わせれば人件費も少なくなり、固定費を抑えられます。既にあるＡＳＰサービスなどを組み合わせて事業を作ることも可能でしょう。

ネットビジネスなのでオフィスの場所は問いません。少人数で運営が可能な事業であり、ひとりまたは数名で運営している事業が多いのが特徴です。サービスの価格は、１回数千円〜数万円くらい。もともと経費が少なくすむ事業なので、顧客数を伸ばせるサービスなら、客単価を低く設定し

|2-11|ネットで完結するビジネスの長所と短所

● 長所
・経費を抑えて運営できること
・副業などのダブルワークができること

● 短所
・人間の個性や温かみを表現しにくいこと
・ネット上で模倣されやすいこと

ても食べていけます。ビジネス例としては次のようなものがあります。

・電子商材に代表される、情報コンテンツのPDFファイル販売
・ネット上から「○○講座」のビデオコンテンツやメールマガジンを定期的に配信
・ホームページと電話でカウンセリングやコーチングを行うサービス

稼げるポイントは、ニッチな事業であること

ネットで完結するビジネスの長所は、経費を抑えて運営できること、副業などのダブルワークができること。短所は、ネット上で接客が完結してしまい、人間の個性や温かみを表現しにくいこと、ネット上で模倣されやすいことです。

情報があふれるネット上では、工夫を重ねなければすぐに埋もれてしまう可能性もありますが、起業家自身の個性を活かせるニッチな事業にすることができれば売上を伸ばすことができるでしょう。

column

収入源を確保しよう！

ひとり起業塾では、「起業準備を始めるにあたり、収入源を確保しておきましょう」とみなさんにお伝えしています。

収入があるとやっぱり安心

人間は心に余裕があれば、正しい判断をくだすことができますが、逆に、明日の食費にすら困っていると、正常な精神状態は保つことができないものです。起業してある程度の収入を得られるようになるまで（個人差はありますが）多少の時間がかかります。そこで、起業して間もない時期は、ほかに収入源を持って、最低限の生活が送れるようにするのがオススメです。

どんな収入源がある？

いちばん身近なのが、家族の収入です。夫が起業する場合、妻にも働いてもらい、「家計の第二の収入源（妻の給料）」を作っておくといいでしょう。

アルバイトで学びながら生活費を稼ぐ！

起業する事業分野に関連したアルバイトで、修行をしながら収入を得るのもひとつの手段です。起業当初はアルバイト収入を頼って生活しますが、1年後にはアルバイトを辞め、事業一本で食べていくなどの計画を立てて動きましょう。手に職をつける分野では実現しやすいかたちです。マッサージ師として自分の店を構える場合、育ててもらった師匠が運営するマッサージ師育成教室で講師のアルバイトをして稼がせてもらうこともできるでしょう。

オススメしている目安は半年から1年分の生活費です。事業の収入以外に、収入源を持っておくと、心に余裕を持って起業することができますよ。

第 3 章

経験と悩みを事業にしたアイデア！

Q 01

自分が好きってことだけで起業してもいいのでしょうか？

A ぜひ、自分が満足できるお店を開いてください！

客観的にサービスの魅力を考える

ビジネスはお客さまに何かを提供して、報酬を受け取ります。ですから、当然ながら商品やサービスはお客さまがほしいと思うものであることが不可欠です。あなた自身がお客さま目線で「いいな」「好きだな」と感じるのであれば、その可能性があるといってよいでしょう。自分が好きという気持ちを起点に、次のような視点で**サービスの魅力を客観的に考えてみましょう**。

まず1つ目に**的確なカウンセリング**があげられますね。モノやサービスがあふれ、ひとりひとり少しずつ好みが違う多様化の時代といわれています。ひとりよがりにならず、お客さまが本当に求めるものを察する力が必要です。2つ目は**癒す力**です。ストレスフルな時代にあって、お客さまの心を癒して前に進む力を呼び戻すことができるでしょうか。そして、3つ目に**専門性**、**技術力**も必要です。何か問題を解決するための技術力はプロフェッショナルとして不可欠です。加えて、払いやすい料金や通いやすい立地、来てよかったと思える空間づくりなどを考えて、とことん、**あなたが満足できるサービスやお店を実現してください**。

|3-01|自分が満足できる視点は起業へのヒントとなる

❶ 自分の悩みが既存のサービスで解決できない

❷ その悩みを解決するための専門知識を身につけた

❸ 長年、客側だったからこそ気持ちがわかる

❹ 気持ちがわかるからこそ相談相手になれる

付加価値のブランディングのコツ

誰もが満足できるサービスは、下手をすると似たようなものになりかねません。ぜひ、次に考えて欲しいのが**ここにしかない付加価値の創造**です。誰も真似できない技術や信頼、オリジナリティなどは、あなた自身から生まれるものです。人間力といういい方もできるでしょう。たとえば「その人に診てもらった」という安心感だけで治癒力を自ら発揮できるような信頼関係を作ることができるでしょうか。あなただけの明るさ、温かさなども強みになるでしょう。自分が好きという発想そのものも、十分付加価値になる可能性を秘めているのです（**図3−01**）。

大手サービスにはできない**あなたができることが付加価値になる可能性があります**。柔軟に個別対応ができき、悩みをじっくり聞く、急な対応ができるなど、大手企業がやりたくないことを考えてみるとよいでしょう。

先輩に学ぶ起業ストーリー

自らが満足できるフットサロンを設立

足専門サロン リセット

フットサロン リセット
野口貴子さん

業種
サービス

開業資金
300万円

「夕方になると、足がパンパンにむくんでいました。ＯＬ時代から、足のつらさは本当に大変でした」と振り返る野口貴子さん。足専門サロン「リセット」を開き、アロママッサージによる足のむくみの解消、靴選びや正しい歩き方のアドバイスなど、自然療法フットケアを行うセラピストとして活躍する。

元は秘書として活躍し、留学を経てイギリスの公的な国際文化交流機関ブリティッシュ・カウンシルの福岡支社の立ち上げに参加した。愛用していた高さ8センチのハイヒールを履いた足は常にむくみ、つらいままだった。「留学中も福岡でも、サロンに通っていました。しかし、癒してくれるマッサージはあっても、『靴が足に合っていない』と教えてくれた人はいなかったのです」

そんな野口さんに転機が訪れる。福岡支社の縮小をきっかけに仕事を辞める決断をし、長年の悩みだった足のむくみを解消しようとフットケアのスクールに入学する。足を悪くした原因がわかり、学ぶうちにセラピストとして仕事をすることも考えるように。そして誘われたこともあって直営サロンで働きはじめた。

店舗情報

- 足専門サロン『リセット』
- 東京都中央区築地
- 090-9246-6994
- http://www.salon-reset.com

最後まで責任を持って施術したいと自分のサロンを開く

しかし、やりがいは感じつつも、店舗では同じ人の足を毎回担当できるわけではなく、次第にジレンマを感じるようになった。「一度自分が施術したお客さまの足が、次来店されたときに、どのようになっているのかを診ることができないもどかしさがありました」。

続けて同じお客さまを担当するには自分でサロンを経営しなければならない。その決意のもと、ひとり起業でサロンをオープンした。リラックスできるマッサージルーム、ウォーキングレッスンを行うスペース、そして駅から30秒という立地にもこだわった。お客さまひとりに2～3時間以上の時間をかけ、1日に施術できるのは2～3名。コース料金は1万5000～2万5000円とやや高めだが、じっくりカウンセリングの時間をとり、お客さまのモチベーションを上げやすくなった。

現在、全国各地にさまざまなタイプのマッサージサロンが増えている。生き残りの秘訣は、店のオリジナリティを確立することだという。足のむくみに悩んだ経験、秘書やOLとして働いた経験、サロンでたくさんの足に触れた経験……、それらの経験がすべて野口さんの個性となり、「足専門」のセラピストの土台になっている。

リラックスできるサロンでじっくりとカウンセリングを実施する

02

海外からの輸入品でビジネスになるでしょうか？

A 輸入品を使った「加工」で付加価値をつけてみて。

インターネットが席巻し、海外のものが身近に感じられる時代。為替変動などのリスクも抱え、輸入事業だけではビジネスとして成り立たないケースも増えてきました。特に総代理店として輸入ルートが1つしかない場合を除き、多数の競合者がいる場合は価格競争や送料無料などのサービス競争に陥りかねません。また、個人輸入も容易になりつつあり、ネットショップ感覚で個人輸入を楽しむ人が増えてきたことも影響しています。

そこで考えるべきが、輸入する際に「輸入したものにどのように付加価値をつけるか」ということです。あなたが売りたいものが形あるものなら、カスタムメイドによって付加価値がつけられる可能性があります。カスタムメイドとは、お客さまの「自分だけの仕様に加工してほしい」という要望にこたえる、究極の「趣味、嗜好の追及」です。あなた自身が強烈に好きな分野であれば、お客さまの気持ちがわかり、優れたカスタマイズができるはず。それが大きな付加価値になり、無謀な価格競争に巻き込まれないための優位性となるでしょう（**図3−02**）。

定期的に加工してもらう仕組みの構築がカギとなる

自分でできるような趣味の範囲のカスタマイズではビジネスにはなりにくいでしょう。一般客にはできない加工の技術力やデザイン力などが問われ、その積み重ねの上にブランド力が備わっていきます。それまでに一定の時間がかかりますし、一過性のものではビジネスを続けていくことができません。流行モノではなく「長年のめり込むファンがつく」分野を見定め、お客さまに定期的に加工してもらうための仕組み作りが欠かせません。

3-02 加工で付加価値をつけることで、価格競争に巻きこまれない

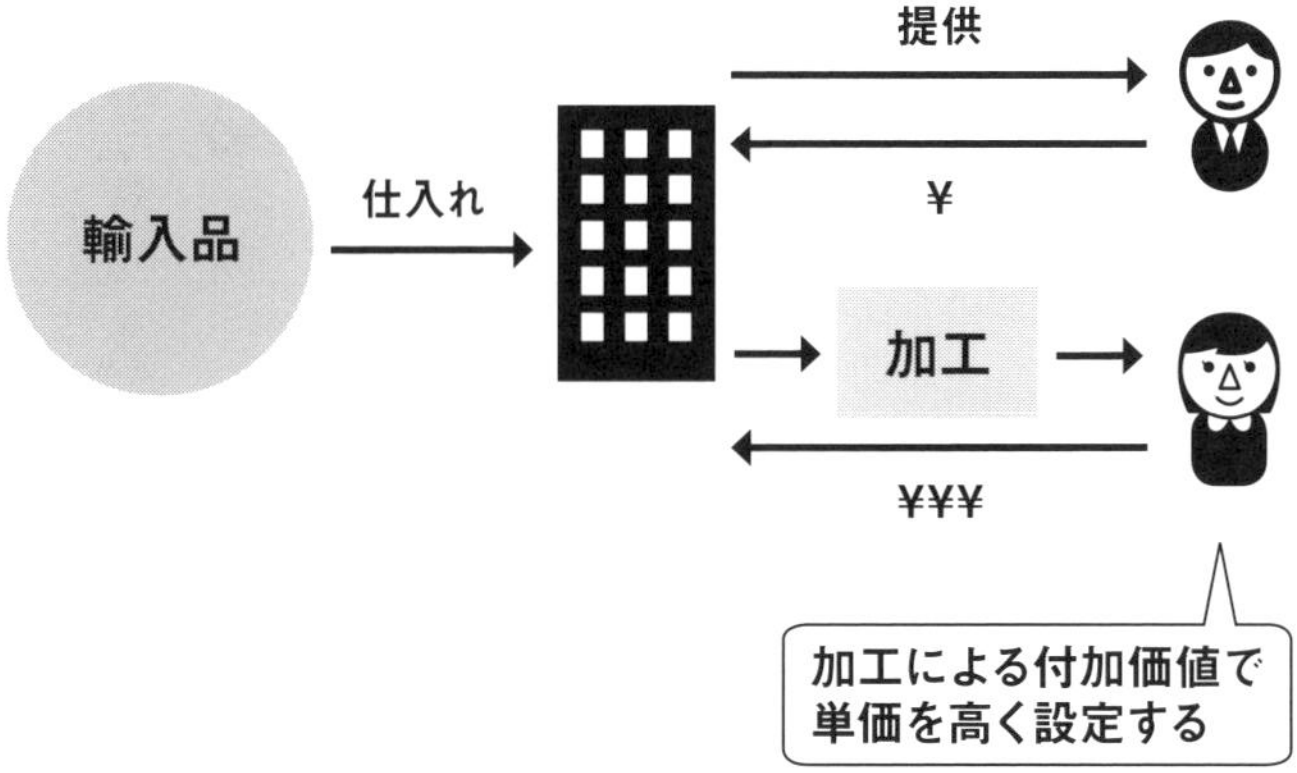

そのためには、あなた自身が妥協することなく、こだわりを発信することが大切です。「もっと素敵なもの、個性的なものが欲しい」と思われるよう、店頭、店舗内の展示を定期的に変えたり、ホームページやブログ、SNSなどで情報を掲載したり、お客さまがワクワクするような情報を発信し続けましょう。

お客さまを巻き込んで、情報発信を密に行う

情報発信の方法として、お客さまに情報を提供していただく方法を考えるのも良い手です。自慢のカスタマイズ写真を投稿していただいたり、コンテストを行ったりするのもよいでしょう。要はオーナーや店員自体がその分野に詳しく、お客さまがワクワクしながら一緒に話ができる人になること。そうした場を作り出せることが大切です。

先輩に学ぶ起業ストーリー

BAD LAND

〝万人がカッコイイと思うスタイル〟を提供

BAD LAND
クワイケイイチさん

業種
販売

創業
1999年

開業資金
100万円

「うちでは、〝誰が見ても必然性のある形〟、〝万人がカッコイイと思うスタイル〟に作り変えることをコンセプトにしています。職人が自分の知名度を上げるために、ある部分を長くしたり尖らせたり光らせたり、奇抜にする簡単な加工手法があります。それは出来上がった瞬間は、とても派手で目立つのですが、下手すると1～2回乗っただけで飽きてしまい、その場しのぎになってしまう。僕らは、作り変えても自然なシルエット、10～20年経っても『やっぱりカッコイイなあ』と思ってもらえるような形にしたいのです」

そう熱っぽく語るのは、ハーレーダビッドソンのカスタムメイド専門店「BAD LAND」を経営するクワイケイイチさん。もとはヨーロッパ製輸入パーツ専門店で、カスタムメイドを行う予定はなかった。しかし取引先もパーツの取付け方がわからず、自然とクワイさんの店で「どのような仕上がりになるか」を試すようになり、カスタムメイド車を作って、ウェブサイトに写真を掲載するようにしたところ、じわじわと全国から問い合わせが来るようになった。そうした顧客ニーズにこたえる形で、部品販売だけでなく、カスタムメイドを行

店舗情報

- ハーレーカスタム『BAD LAND』
- 神奈川県川崎市幸区南加瀬 4-18-1
- 044-587-3139
- http://www.badland.net

う店へと変化していった。

いまや金属加工芸術の世界にも近いといわれるほど、高い技術力とデザイン力が求められるバイクのカスタムメイド技術。BAD LANDのスタッフは腕を磨き、その最高峰の技術を身につけることで、大きな付加価値を生み出している。日本のそうしたカスタムメイド技術は世界から注目を集めており、BAD LANDも世界で通用する店を目指しているという。


いち早くウェブの可能性に気づき、ウェブサイトを開設

クワイさんがハーレーダビッドソンのパーツを取り扱い始めたのは1998年、35歳になった頃だ。頻繁に出入りしていたバイク屋店主から誘われ、ヨーロッパからの輸入パーツを取り扱うビジネスを手伝い始めた。

その際、インターネットでドイツのカスタムメイドショップを調べると、どこの店もウェブサイトを持っていた。当時、日本では一般家庭にパソコンがやっと普及した状態だったが、「日本のバイク市場にも同じような時代が来るに違いない」と、いち早くウェブサイトを開設したという。その後もカスタムメイド車はもちろん、さまざまな情報を掲載し、ハーレーダビッドソンのファンの心を刺激し続けるよう心がけている。

BAD LANDには、バイクのカスタムメイドを金属加工芸術の世界として捉え、腕を上げている職人たちが集まっている

03

自分がやりたい仕事って、肩書きすらないんです。

A 新しい仕事のパイオニアとなって、自ら第一号になりませんか。

時代とともにさまざまなニーズが生まれ、それに呼応するサービスや仕事が生まれています。しかし、その先駆者になることはなかなか勇気のいること。簡単なことではありません。**新しい職業をつくる**ことでもあり、一般にその名が知られるまでは苦労することもあるでしょう。

しかし、次に同じ職業を目指す人たちへの道を切り開く「開拓者」になることでもあります。市場にあった潜在ニーズを掘り起こすことは、ワクワクするような刺激的なことであるのは間違いありません。**新しい市場でのデファクト・スタンダードを創り出せるのです。**

ただし、それができるのも一定の職業経験や困難を克服した経験があってこそ。新しい海に乗り出すにあたり、自分のキャリアが十分に活かせるようなエリアを吟味することが大切です。

新しい「肩書き＝職業名」にはスキルや経験を盛り込もう

新しい職業を創るなら、業務内容が明確にわかるような「職業名」をつけましょう。たとえば、ある分野に特化した「○○コンサルタント」、趣味の専門家「□□研究家」など、分野を表わす言葉と仕事の仕方をイメージする語を組み合わせます。ほかに似た名前の職種や資格がないか、ネット検索で調べ、特に英語など外国語を用いた名称の場合は、他の意味を持たないかなど調べておくとよいでしょう（図3―03）。

ニッチな分野を名づけたほうがオリジナリティは増しますが、「それ以外の仕事に広がりにくい」「仕事の幅が狭まる」という弱点も出てきます。新しい肩書きとして注目が集まって認知されたあとには、「ほかにこんな分野の仕事ができます」とアピールすることが必要かもしれません。

3-03 新しい肩書きの作りかた

❶ 自分のキャリアを吟味する（参考：182P）
❷ ネット検索で使用頻度をチェック！
❸ 外国語の場合、他の意味もチェック！
❹ 読みやすさと分かりやすさを確認
❺ 候補を２つ用意し、知人にヒアリング

商標を登録して展開することも考えてみて

同じような名称の資格や協会などがすでにある場合はトラブルになることも少なくないため、まったく違う名前にするのが安心です。国家資格以外でも名称独占資格を実現しているところもあります。たとえばフードアナリスト協会では、同協会が認めていない人が「フードアナリスト」の名で商売を行った場合は商標侵害を訴えることができ、職業名の独占ができるという仕組みをとっています。

あとから勝手に使用されないようにするには、資格協会などを設立して商標登録しておくほうがよいでしょう。資格協会などの活動がない場合も職業名の商標登録は可能とされていますが、現実的には難しいようです。

先輩に学ぶ起業ストーリー

日本初のプロパーソナルスタイリストとして、魅力アップに貢献

(有)ファッションレスキュー

ファッションレスキュー
政近準子さん

業種
個人サービス

創業
2000年

創業メンバー
1人

「〝プロパーソナルスタイリスト〟は一般個人向けのスタイリスト、洋服によってお客様に元気を与え、今まで自分が知らなかった可能性を引き出す仕事です。日本で初めて、私がこの職業を作りました」

政近準子さんは、個性的な洋服をサラリと着こなす長身でスレンダーな女性。政近さんが経営する有限会社ファッションレスキューでは、プロパーソナルスタイリストが一対一でじっくりカウンセリングを行い、個性に応じた着こなしを提案する。また買い物同行サービス、目的に応じたコーディネートレッスン、など、内容はさまざま。「その人らしさ」を大切にし、外見的な特徴と内面的な個性をあわせ、その人の存在感を作り上げる。

政近さんはファッション専門学校から大手アパレル会社にデザイナーとして就職。イタリアで働きながら学び、一般個人の買い物に同行してファッションアドバイスを行う「パーソナルショッパー」という職業に触れた。直感的に「日本でも必要な職業だ」と感じ、その思いを胸に秘めたまま、帰国後は東京モード学園や都内の短大で非常勤講師、セミナー講師として働いた。

企業情報
- 有限会社ファッションレスキュー
- 東京都渋谷区千駄ヶ谷 3-38-10 AIKビル201
- 03-6804-3173
- http://fashion-rescue.com

「プロパーソナルスタイリスト」として人を助ける道へ

結婚し、長男、続いて長女を出産。仕事人として、2児の母として充実した生活のなかで、不治の病（特定疾患）に倒れた。薬の副作用で皮膚がただれ、目が腫れて化粧ができない。失意のなかで仕事を再開してみると、自分自身がファッションに救われていることに気づいたという。そして自らの印象づくりを苦手とする人を助ける「ファッションレスキュー」という言葉を思いつき、2000年秋よりプロパーソナルスタイリストと名乗って事業をはじめた。

2002年にホームページを開設すると、テレビや雑誌から問い合わせが舞いこみ、2006年3月に有限会社ファッションレスキューを設立。さらにプロパーソナルスタイリスト育成校「パーソナルスタイリストジャパン」を創設した。「プロパーソナルスタイリストの仕事は、スキル、現場での豊富な経験に加え、お客様を思いやるホスピタリティがなければできません。お客様と触れ合うなかで学ぶことも多い魅力的な職業なので、多くのプロパーソナルスタイリストを育てたいと思ったのです。一般の方々がファッションを学べるスクール「ファッションレスキュー アカデミア」も開校しました」

政近さんは、現在のブランド信仰に近い「日本のファッション文化」に対して危機感を感じ、ファッションを知力や教養として伝えたいと話す。ファッションの力を信じ、その力で誰かを救う多忙な日々を送っている。

著書には『「素敵」の法則（ホーム社）』『一流の男の勝てる服 二流の男の負ける服（かんき出版）』など。

04

社内で行っている事業が頓挫しそうです……。

A あなたが引き継いで起業してみるのも手ですよ。

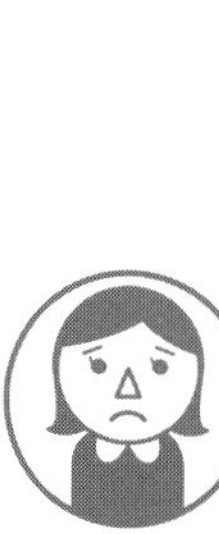

心血を注いだプロジェクトや事業が頓挫して中止になってしまう――。経営陣の決定となれば、再立ち上げもままならず、悔しい思いをした人もいることでしょう。しかし、そんな事業も継続できるかもしれません。それは、**あなた自身が事業を引き継いで起業する道をとることです。**

「ええっ、そんな」と躊躇するかもしれませんが、経営の場ではよくあること。そのひとつの方法がマネジメント・バイアウト（ＭＢＯ：Management Buyout、経営陣買収）と呼ばれる、事業そのものを組織から買い上げてしまう手法です（**図3―04**）。案件の大きさも条件も実にさまざまで、事業億単位でのお金のやりとりが生じることもあれば、スタッフごと、顧客ごと無償で引き取らせてくれることもあるようです。というのも多くの場合、交渉は秘密裏に行われ、表立って公表されることは稀だからです。裏を返せば、さまざまな可能性があり、交渉次第ともいえるでしょう。

大がかりな印象がありますが、従業員がその権利を受け取るＥＢＯ（Employee Buyout）もよく行われています。こちらは、日本でも昔から行われてきた「のれん分け」のようなもの。恐れず、まずは上司や同僚に「やってみたい」「続けたい」のアピールをしてみましょう。経営陣との間に入ってくれたり、賛同者が出てきたり、協力が得られるかもしれません。

3-04 MBO（Management　Buyout：経営陣買収）

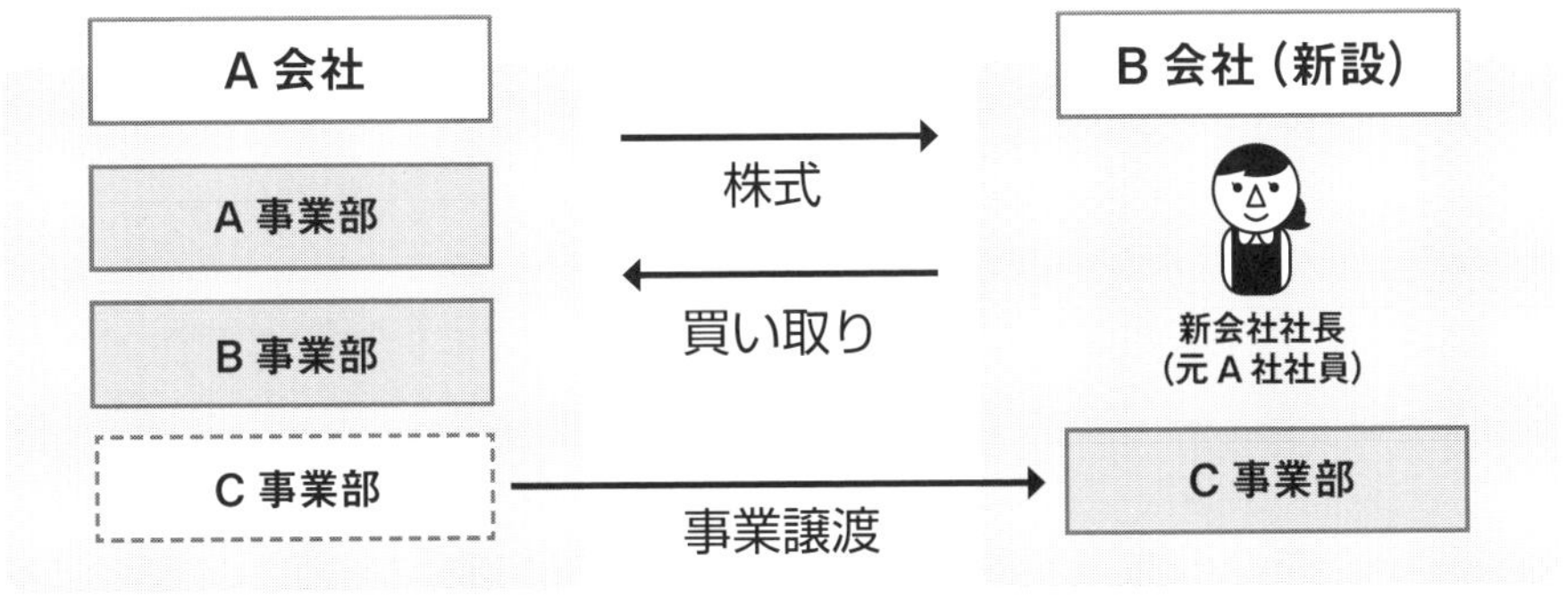

MBO（Management　Buyout：経営陣買収）とは、
経営陣や幹部社員が、企業や事業部門から、株式や事業資産を買い取り、独立オーナーとして事業継承すること。

ただし、事業を引き継ぐ前には一度冷静に、事業が頓挫する理由を分析してみてください。案件によって違いますが、たとえば、「設備投資資金が高く、早期の利益回収が見込めない」、「企業が目標とする売上規模はないと判断した」などの経営的な難しさもあるかもしれません。事業が成功するよう、事業運営のやり方を変更したり、新しい協力者を見つけるなど、新しい船出をする対策を練りましょう。

Win-Winの関係を保ち続ける提案に

「企業が継続しない事業を個人が買い取って出て行く」と聞くと、ケンカ別れのように聞こえますが、関係性が悪化した状態では大抵の交渉は決裂します。できるだけ自分にとっても相手にとってもハッピーな条件を見つけるために交渉していく。そうした姿勢が大切です。インフラや顧客の共有など、相手にとってのメリットになることを見つけましょう。交渉はそれからです。

先輩に学ぶ起業ストーリー

医療用品プロジェクトを引き継ぎ、自身で開業

(有)とみ「ピーチパンツ」

「私がやるしかない！」と携わっていたプロジェクトを丸ごと引き継いだ松本富子さん。フリーの下着デザイナーとして医療用品メーカーで高齢者向けの下着の開発に携わるものの、3年後に頓挫してしまう事態に遭遇した。しかし、持ち前の情熱と決断の早さで、すぐに自ら事業を引き継ぐことを決定。2002年に「スタジオ　トミ」を立ち上げ、自宅の家庭用ミシンで試作品の制作をはじめた。

「自分が関わるからには、機能面の充実はもちろんのこと、デザインも重視したい」。そんな思いのもと、松本さん自身がデザインからパターン、縫製、さらには自分で履くという工程を繰り返した。

「女性が身に付ける下着は、年齢によって変わります。20〜30代はオシャレ、40代はガードル的な要素が加わります。その延長線上で、60歳以上の方に転倒骨折を防止するプロテクター入りの下着を提案できないかと思ったのです。私の想像は膨らみ、高齢者の方が喜んでくださる姿が目に浮かびました」

スタジオ トミ
松本富子さん

業種
製造

創業
2002年

企業情報

- スタジオ トミ（原宿オフィス）
- 東京都渋谷区神宮前6-10-8 原宿NAビル7F(エヌイック内)
- 0120-559-103
- http://www.studio-tomi.co.jp

機能的で美しい下着、ピーチパンツが完成

「当時作ったのは、パットをビリビリと取り外すような、装具のような製品でした。お客さまから『恥ずかしくて付けられない』といわれて、ハッとしました」

そこで、松本さんは商品の見た目を普通のショーツと同じようにすることや宣伝方法の見直しをはじめた。おばあちゃんの原宿といわれる巣鴨でリサーチを重ね、下垂して小さくなるおしりを桃のように丸く補正する美尻効果を持たせた。衝撃を和らげる小型で軽量のプロテクターを下着の内側ポケットに入れつつも、高級下着売り場にも置ける美しいデザインを目指し、伸縮性と光沢のある素材を使って女性らしさを追究。ようやく「ピーチパンツ」が完成した。

2011年2月からは、東京・原宿に事務所を移転し、大手企業との取引もはじまった。個人のお客さまは3000名を超え、今後は足のサポーターの販売や〝美〟をサポートする新製品を予定するなど、ますます活躍の幅を広げている。

事業の引き継ぎから資金や広報、技術などにおいてさまざまな支援を受けてきた松本さん。「高齢者の方が、安心して外出できる、心がウキウキするような美しい商品、そして身につけることに付加価値のある商品を提案していきたいと思います」という熱意を原動力に、Win-Winの関係を作り、諦めず交渉してきたことが成功の秘訣といえるだろう。

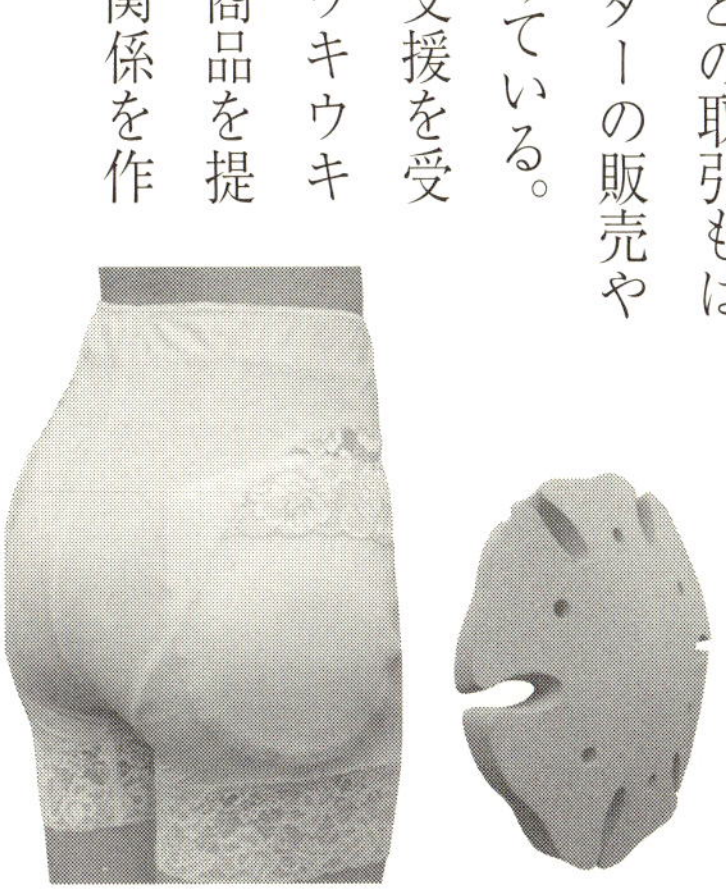

2012年より大手企業へのOEMを開始。販路が広がった

05

業界経験は長いけど、まだ自分の強みを見出せません。

A 業界をずらすと、あなたの当然は「強み」に変わります！

「同じ業界内のほかの人たちに比べて、突出した特技や技能は何だろう」と悩む人は少なくありません。しかし、業界によって特技や技能の常識は大きく異なります。他の業界の人にとって、あなたが「当然」と考えている技能は「すごい！」と感嘆されるほどのレベルという可能性があるのです。異業種への転職経験がある方なら、こういった経験があるのではないでしょうか。

業界による違いには、下記のようなものが挙げられます。

- **どのような工程を経て商品、サービスを提供するか？**
- **問屋、仲介業者などが存在するか？　それとも直販があるのか？**
- **どこまで丁寧にお客様に対応するか？**

たとえば、理容店ではひげを剃ったり、洗髪したりといったサービスが当たり前でした。しかし、近年はそれらを省いて髪を切るだけにすることで低価格にする店も登場しています。業界にとっての「常識」をちょっとずらすだけでも、ビジネスのチャンスは生まれてくるのです（図3－05）。

業界や年齢、地域などをずらして、自分の価値を見出す

同じ業界でずっと働いていると、なかなか他の業種との違いに気づきにくいもの。別の業界に入っ

3-05　業界に別の業界の常識を取り込み成功した例

・カフェ × 介護	**明るくカジュアルなカフェをデイサービスに取り込み人気に**
・カフェ × ファストフード	**カフェのメニューと雰囲気を加え客層を広げたマックカフェ**
・飲食店 × IT	**インターネット業界の感覚で飲食店を紹介した「ぐるなび」**

て改めて自分の業界の常識と、自分の強みに気づくことがあるものです。それを起点にビジネスを立ち上げ、成功した起業家は少なくありません。たとえば、次のような観点で業界をずらしてみてはいかがでしょうか。

①あなたが持つ知識や技術が「遅れている」業界へ
例：IT技術やフランチャイズの知識など
②業界で働く人の年齢や性別の違う業界へ
例：男性ターゲットの業界で、女性向けのサービスを出すなど
③遠い「地域」に、新しいビジネスとして持ち込む
例：東京で流行ったものを地方へ。九州で流行っているものを首都圏へ

同じ業界でずっと働いているとなかなか他の業種との違いに気づきにくいもの。他の業種の人に話を聞いたり体験したりする機会を持つと、「違い」を発見できるかもしれません。わざわざ異業種交流会などに行かなくても、プライベートでいろんな人の仕事の話を聞いたり、取引先で観察したり、さまざまな場面で業界の違いなどを発見できるはず。それによって自分の仕事の価値を再確認できるだけでなく、新しいビジネスへの気づきにもなるかもしれませんよ。

先輩に学ぶ起業ストーリー

㈱インターネットインフィニティー

IT技術を導入した「新しい介護サービス」を開発&提供

インターネットインフィニティー
別宮圭一さん

業種
福祉・介護

創業
2001年5月

近年、家族の介護を理由に会社を退職・休職するビジネスマンが増えている。介護の苦労や不便さの多くは改善されないままであることが多い。株式会社インターネットインフィニティーの別宮圭一さんは、そんな介護の世界を変えるべく、ITの世界から介護業界に飛び込んだ。

もともと別宮さんが2001年5月に会社を立ち上げた時、「介護」をテーマにすることは頭になかった。アイデアを探しながら、受託開発の仕事を地道に進めていたある日、介護ビジネスを行う会社から業務システム構築を依頼されたことが転機となった。

「当時、介護のことをまったく知らなかったので、介護事業の仕組みを調べ、同社の業務フローをヒアリングしました」。介護保険法を勉強し、介護現場の実態や業務内容を調べるうち、別宮さんは介護業界のIT化の遅れに愕然とした。そしてホームヘルパー2級資格を取得し、実技講習を受けるうちに、人材が足りないこと、現場の作業が合理化されていないことを痛感し、ビジネスの主軸に据えることを決心する。

企業情報

- 株式会社インターネットインフィニティー
- 東京都中央区築地5-6-10
  浜離宮パークサイドプレイス15階
- http://iif.jp

ケアマネジャー向け業務支援ポータルサイトを開設

「介護の道一本で勝負してみよう」と決断した別宮さんはシステム受託開発の仕事を辞め、２００２年10月、東京都中央区に訪問介護を行う「クローバーケアステーション」を開設した。

介護事業に参入して3年、現場の忙しさを実感してから、２００５年8月、ケアマネジャーの業務支援を目的とするポータルサイト「ケアマネジメント・オンライン（ＣＭＯ）」を開設した。書類作成ツールや文例集の無料ダウンロードができ広告収入を収益源とした。サイト利用者は口コミで増え、全国のケアマネジャー12万人のうち約58％、7万人がサイト登録者となった。２００６年から介護事業所のＭ＆Ａを行い、ベンチャーキャピタルの出資も受け始めた。２０１０年6月に介護事業支援サイト「ケアビズＰＬＵＳ」、7月に介護の専門家に相談できる「わかるかいご」ポータルサイトを次々と開設。

売上は年々伸び、２０１４年3月期の年商は約17億円となった。「現場スタッフが多いので、介護現場の生の声が私に伝わってきます。それが新しい機器の導入や新ビジネスの発想につながっています」というように、ＩＴ業界の気づきやノウハウは、新しい介護サービスへと活かされ、今も進化を続けている。

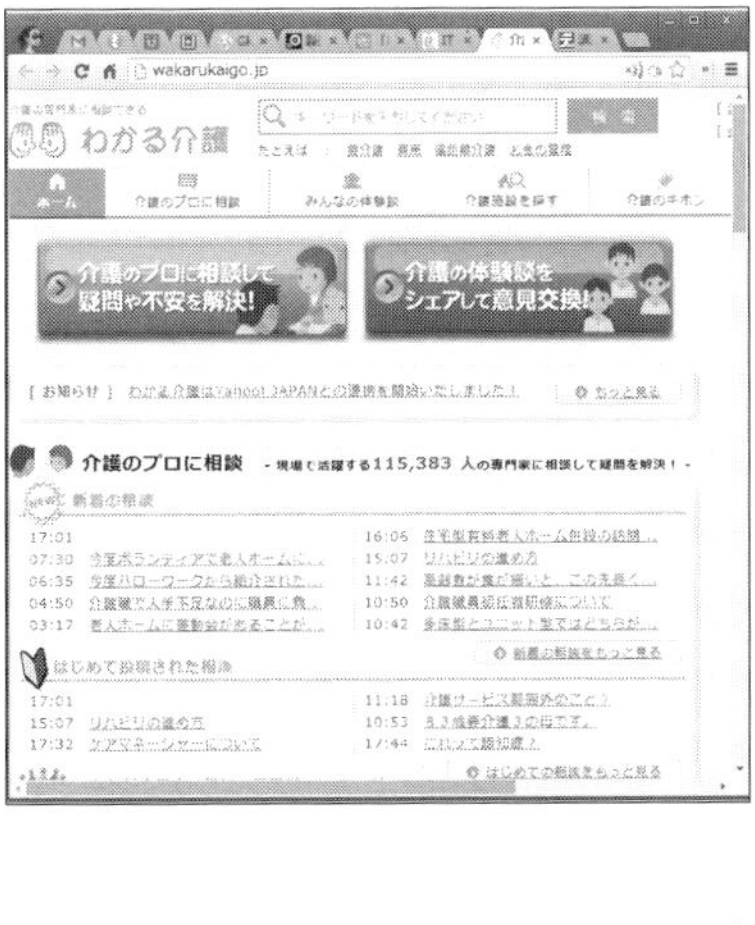

介護の専門家に相談できる
ポータルサイト「わかるかいご」

column

困ったことを日記に書き出そう

誰かの困っていることを解決してあげれば、ビジネスになります。「困っているけれど、他に手段がないので仕方ない」と思いながら、毎日生活しているのです。そんな「困った！ 解決したい！」の一部はそのまま、すでに事業化されています。

困ったを解決したこんなビジネスが人気に

「もっと家の戸締まりに気をつけたい」という困りごとは、警備会社の個人宅セキュリティサービスになりました。

有名な株式会社セコムの創業者、飯田亮さんは、1961年冬に「欧州には警備を業務とする会社がある」と聞き、その場で30分もかからずに警備会社の起業を決心したそう（同社ホームページより一部抜粋）。警備業者の市場規模は、2012年時点で3兆2000円弱にまで成長しています。

また、「美容院に行きたいけれど、90分も座っている時間がない…」という困りごとは、1000円カットのサービスや、住宅街にある2000円以下の美容院チェーンが吸収しています。行けば短時間でカットしてもらえるし、安価で大人気です。

「クリーニングの営業時間内に受け取りにいけない！」も宅配クリーニングに繋がっていますね。スーツや洋服を送れば、こちらが決めた時間帯に自宅まで宅配してくれるサービスです。

今日からさっそくメモを取ろう！

さっそく、手帳に日常で見つけた困りごとを書き込みましょう。困った瞬間や夜寝る前にメモ書きするとよいでしょう。その際、感想も書いておきます。そのメモから新しい事業が生まれるかもしれませんよ！

第4章

ありそうでなかった新しすぎるアイデア！

06

飲食店をやりたいけれど、料理ができません

A お客さまが料理する「セルフ方式」なら大丈夫です！

飲食店をやりたいけれど、調理やサービスは得意でないという方におすすめしたいのが「セルフ方式」です。食べに来たお客さまが店内に用意された食材を見繕い、自ら料理して食べるというスタイルなので、店内はテーブルやイス、そしてオープンキッチンを備えつけるだけで開業できます。むしろ、料理人をおかない分、固定費である人件費を削減できます（**図4－01**）。

タイムチャージ制で、飲み物や食材を使った分だけ精算する仕組みにより、お客さまは、スーパーなどで購入するよりも割高ではあるものの、飲食店としては割安な形で利用できます。

調理だけでなく、飲み物や料理の配膳や、食べ終わった食器を下げたりといったサービスもお客さま自身が行う形にすれば、客数が多くても、少ないスタッフで回せるため、調理人はもちろん人件費を抑えられることも大きなメリットになります。ターゲットは学生などの若年層や同僚と交流を深めたい会社員を中心に幅広く設定できますし、週末には、合コンや誕生日などのイベントなども期待できるでしょう。

「コア」を追求して新しい価値を提供しよう

新しいビジネス価値を見出すには、既存概念にとらわれずに発想することが大切です。そのため

4-01 セルフ方式により経費を抑えられる

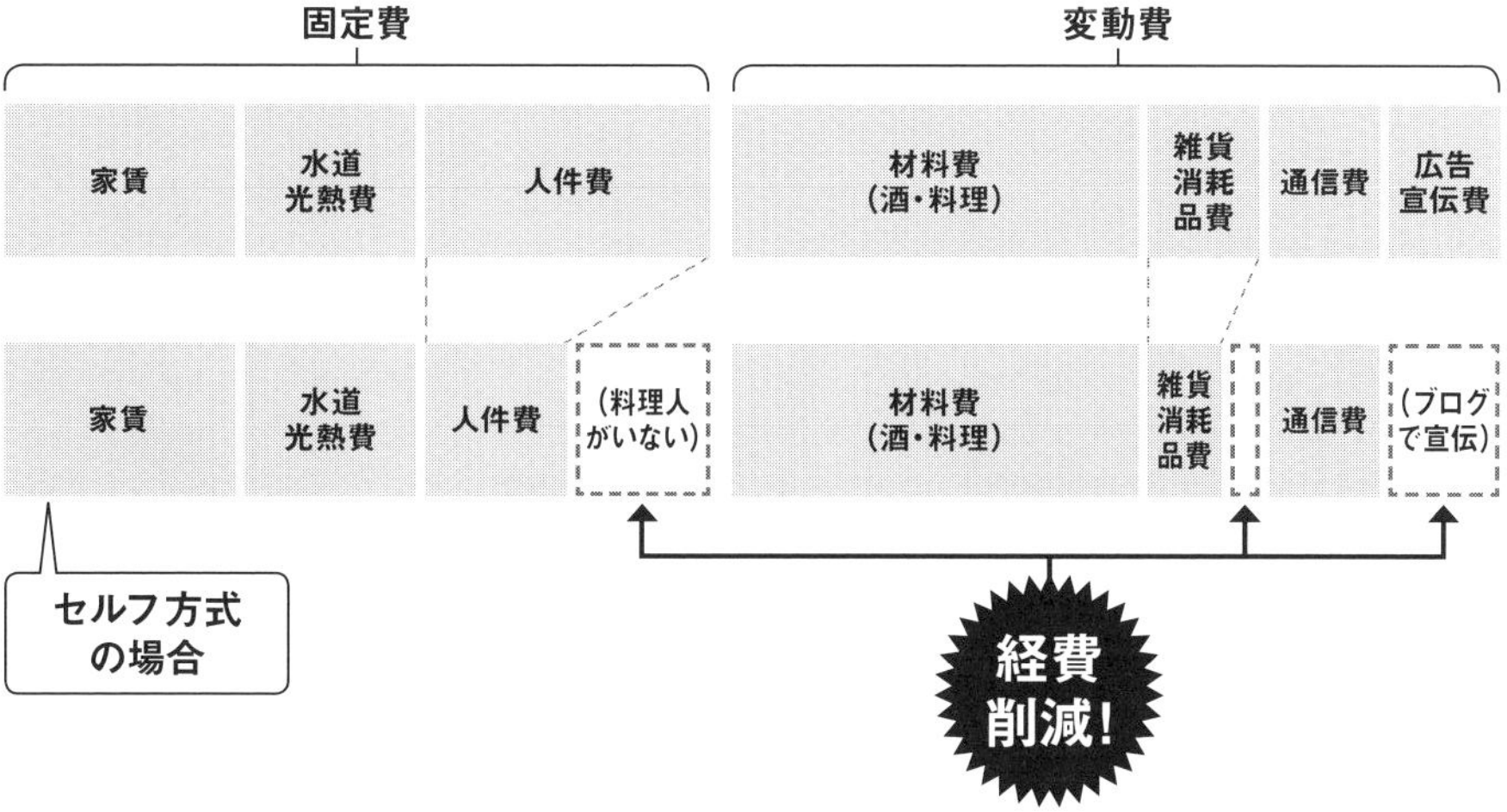

には、業態ではなく「提供するもの＝コア」に注目してみてください。提供する価値を「飲食店」と固定せず、「お金をかけずに、気軽に楽しめる空間」と価値を捉え直してみれば、プロの料理やサービスは必要なくなり、そこにかかる調理費や人件費を削減ができます。その分を価格に反映させることで、お客さんが安く気軽に楽しめる空間づくりが可能になります。

業態業種への先入観を捨てよう

すでにあるお店から発想すると、どうしても先入観にとらわれがちです。新しいアイデアを生み出すために意外なヒントとなるのが自分の不得意な部分です。たとえば、セルフ方式というビジネスモデルは「少ない従業員で運営したい」という思いから生まれました。自分の弱みをもとに、「女性が苦手だけど甘味屋をやりたい」、「うるさい場所は苦手だけどカラオケ屋をやりたい」というように、あえて既存のあるべき姿から離れて発想してみましょう。

先輩に学ぶ起業ストーリー

サービスレスのセルフ調理で「作る楽しさ」を提供

セルフキッチン

セルフキッチン
おやじさん

業種
飲食店

創業
2009年

「うちは都会のキャンプ場。僕は日本の過剰なサービスが嫌いだけど、マナーを守って楽しんでくれる方にはちょっとサービスしちゃいます。そもそもお客さんが楽しそうなのは、仲間や家族と協力して料理することで新しい発見や達成感のようなものがあったりするからでしょう」と話すのは、「セルフキッチン」オーナーの通称「おやじ」さん。

セルフキッチンは、プロの厨房を使って自分で調理する居酒屋として2009年に「清貧」として開店。その後、移転を機に2012年より「セルフキッチン」と店名を変え、キッチンの使えるレンタル（シェア）スペースとしてリニューアルオープンした。料金体系は空間利用料金（基本的に30分・270円学割有）に飲んだぶんのドリンク代（ビール中ジョッキ300円、各お酒150円〜）と料理の材料費、とシンプル。買った商品の値札を、首からぶら下げる式の伝票に貼っていく。厨房ではエプロンを着た男性3〜4名のグループが料理する姿もあり、週末には合コンなどのイベントで使われることも多い。

お店のコンセプトを聞くと、おやじさんは「みんなが工夫したり、協力した

店舗情報

- セルフキッチン
- 東京都中野区東中野 4-9-1 第一元太ビル B1F
- 03-6279-3232
- http://ameblo.jp/oyaji-seihin/

りしながら、いろんな使い方のできる『遊び場』を作りたかった」という。

「とくに飲み屋をやりたかったわけではなく、特別なサービスをしないでお客さんと対等でいたい。だから僕はお店にいるキャラクターとして『おやじ』と名乗っています。そのほうがお客さんも僕と付き合いやすいでしょ」。

経験からコンセプトを見出し、形にしていく

もともとおやじさんの子ども時代の遊び場は外だった。小学生の頃から、家族でキャンプに出掛けた。「自分たちで工夫し、新しい遊びを作るのは苦じゃなかった」。大人になっても仕事の合間を見つけては、海外へ旅に出た。ツアーではなく、宿だけ決めて自由に旅するパターンが多かった。そして、30代半ばを過ぎて「自分が本当にやりたいこと」を目指すようになったとき「遊び」を実現できる場所を作りたいと考えた。

セルフキッチンが提供している「キャンプ場のように、お客さんが自分で料理を作る」というセリフ調理のコンセプトは、広い厨房を見ていたときにひらめいた。それをきっかけに、仲間と協力して試行錯誤しながらアイデアを広げていった。

先にコンセプトありき。料理やお酒はあとからついてきた。これが「セルフキッチン」が一般的な飲食店と大きく異なるところだ。

仲間と協力しながら調理して、
何かを作り出す面白さを体感

07

後発サービスでも成功できる方法ってありますか？

A ライフスタイルの提案、なかでもニッチなものに可能性あり！

これだけモノがあふれる世界にも、後発サービスで売れるものがあります。それは「世界観を売る」というビジネスです。モノそのものではなく、モノが象徴する世界観をパッケージ化して提案します。たとえば、素敵な一軒家レストランでのイタリア料理のフルコースとなれば、恋人同士が求める世界観そのもの。格安航空券やホテルを組み合わせた秘境ツアーは、簡単に非日常を味わいたい人向けのパッケージになります。もちろん非日常でなく「日常」向けのサービスも可能です。

これらのサービスは「ライフスタイルを提案し販売するサービス」ともいえるでしょう。有機野菜や無添加調味料を自宅に届けるのは「オーガニックライフ」の提案ですし、米アップル社のようなデザインに優れた製品の販売は「スタイリッシュで先進的なライフスタイル」の提案でもあります。当然、誰もが手に入れたいと考えるものもあれば、中には、少数派に支持されるニッチなものもあるでしょう。

自分の世界観と近い分野でニッチビジネスを探す

こうしたライフスタイル提案は、自分がヘビーユーザーとなれる分野で起業するのが得策です。

たとえば、アイドルオタクの女性がどんなものを求めるか、たとえ同じオタクであっても男性には

4-02 ニッチビジネスを見つけるには

❶ 提案する切り口は商品ではなく「ライフスタイル」

❷ 経営者（や家族）の周りで起業ネタを探す

❸ 理屈で考えず、市場の有無で判断する

❹ ビジネスの仕組みは自分の得意分野で考える

❺ ニッチビジネスはネットで勝負

わからないでしょう。一方、自分が欲しいものは明らかです。どんな商品が受け入れられるのか、手に取るようにわかります。そのまま作ってしまうのも手ですが、後発サービスの場合には、提供の仕方も自分目線で考えてみましょう。

ニッチビジネスはネットで勝負

後発サービスで成功するためには、既存サービスが実現できていない〝新しい価値〟を提供する必要があります（図4－02）。その実現にはネットビジネスがおススメです。特にネットショップであれば、既存サービスに足りない、自分目線でのほしい機能やサービスを実現しやすいでしょう。購入プロセスや商品のレコメンドなど、新しい機能もシステムで提供できます。もちろん、電話で問い合わせがしやすい、返品しやすいなどのソフトサービスも重要です。

低価格の追求という方法はチキンレースになりがち。それよりも顧客のニーズを追求するほうが、建設的で収益性も高くなります。

先輩に学ぶ起業ストーリー

自らの休日体験から発想したライフスタイル提案でブレイク

漫画全巻ドットコム

TORICO
安藤拓郎さん

業種
販売

創業
2005年7月

開業資金
1000万円

「会社に勤めていた頃、土曜は外出するけど、日曜は朝から買い物に行って、漫画や雑誌、お酒とジュース、昼食の弁当、夕食のインスタント焼きそば、お菓子を買って、ＤＶＤを借りて帰宅、その後は１日中家にこもっていました。スニーカーを副業で売っていた頃も、土曜は営業して、日曜は同じように引きこもっていたので。『これらのセットを家に届けてくれるサービスがあればいいなあ』と。あまりにも暇だったので、カッコつけずに、身の丈にあった漫画でも売ってみようかということになりました」

安藤拓郎さんが「漫画全巻ドットコム」を立ち上げた理由を聞いて、身近な思いつきに驚く人もいるのではないか。安藤さんは大学卒業後日本オラクル、三井物産に務めた経歴を持つ「元エリートビジネスマン」。サイドビジネスでのスニーカー販売が好調で２ヵ月間で１００足近くが売れ、ベンチャーキャピタルからの資金調達に成功したことから、２００５年７月に会社を辞めて株式会社ＴＯＲＩＣＯを設立した。しかしスニーカーは売れなくなり、そこで出たアイデアが「身の丈にあった漫画を売るビジネス」だった。

企業情報

- 株式会社 TORICO「漫画全巻ドットコム」など
- 東京都千代田区飯田橋 2-3-6
- 03-6261-4346
- http://torico-corp.com

ライフスタイルを起点としたことから、ニッチ市場を掘り当てる

２００６年のサイト開設当時、大手通販サイトでは漫画本シリーズ30冊を一括購入できず、30回クリックして買い物カートに納める必要があった。また連載コミックは書店に最新刊はあっても全巻すべて揃っていない場合がある。しかし、後発となった「漫画全巻ドットコム」サービスには「たった1回のクリックで、シリーズ30冊を一括で注文できる」点に優位性があった。

「コミック、ＤＶＤ、雑誌、お菓子、ドリンクをセットで届けるサービスをはじめよう」とライフスタイルを起点に考えたことで、躊躇なくサービスを開始できた。蓋を開ければ「全巻揃えて、自宅に届けてくれる」サービスは既存にはなく、埋もれたニッチ市場を掘り当てた。

身の丈にあった事業拡大で着実な成長を実現

現在のアイテム数は約2万５０００を越え、電子書籍も扱う。売上は1年目４０００万円に対し、８年目は11億円と急成長中だ。事業の拡大にあわせて5回ほど引っ越しているものの、事務所にお金をかけるつもりはないという。そんな身の丈にあわせた事業拡大の先に、安藤さんが夢見るのは「海外進出」。社名に込めた「世界をトリコにしたい」という願いが叶えられる日は近い。

漫画全巻ドットコムのサイト。世界最大約８万作品の全巻セットを揃えている。

08

いいアイデアがあるんですが、ビジネスにするにはどうすればいい？

A 特許を取って事業にしましょう！

何かいいアイデアが浮かんだとき、アイデアで収入を得るには、大きく2つの方法があります。1つはアイデアを活かした商品を自ら作り、メーカーとなって販売する方法。そしてもう1つは、実績のあるメーカー各社にアイデアを活用してもらい、いわゆるロイヤリティ収入を得る方法です。

前者は商品開発だけでなく、販路の拡大や販売促進などのような、商品を売るための活動に大きな労力を費やす必要があります。大変ですが、その一方で商品が1つ売れると受け取れる収入は多く、利益率も高いので、やりがいがあります。売れるほど大きな収入を得られるので、次の事業展開がしやすいのも大きなメリットでしょう。

一方、後者の場合、販路拡大経験のあるメーカーが商品を売ってくれるので、あなたは商品開発に集中することができます。しかしながら、収入はロイヤリティ収入のみに限られますし、そこから派生する関連商品などの展開はメーカーに委ねられます。ただし、実際に売れるかどうかわからないもののライセンスを希望する会社はそう簡単には見つかりにくいもの。多くのアイデアが実現されずにアイデアのまま埋もれてしまうことも少なくないのです。それならば、特許を取って製造販売まで含めた事業にしてしまってはいかがでしょうか。

思いついたアイデアで特許を取ってみよう

特許を取ることはそう簡単なことではありませんが、個人でも時間をかけて取得している人は少なくありません。もともと特許について定めた法律「特許法」では、発明を行うのは「個人」であり、法人格は発明者になれないとされています。そして、特許法に規定される「発明」の4つの条件を満たし、特許庁の定める4つの要件、1）産業上利用できるもの、2）新規性があること、3）進捗性があること、4）先願であると、審査を通過した発明だけが特許となります（**図4-03**）。

特許庁のホームページなどで、あなたの考えたアイデアが既に特許申請されていないか調べてみましょう。そうした調査も含めて、まずは弁理士や行政が運営する知的所有権センターに相談してみるとよいでしょう。

　特許を活かした商品は単独で販売するよりも、関連するものと組み合わせた方が効率的です。たとえば、簡単に果物をカットする便利品なら、フルーツ専門店に置いてもらうとよいでしょう。そうすることで便利品を作ったあなたにも、果物を多く売りたいフルーツ店にも両者にメリットが得られます。こうしたシナジー効果（相乗効果）のある企業を見つけ、強力なパートナーシップを結べるかどうかが、ビジネスの成否を決めると言っても過言ではないでしょう。

4-03　特許法における発明の４つの条件

発明の４条件	＋	審査される４要件
条件１：自然法則を利用		１：産業上利用できるもの
条件２：技術的思想		２：新規性があること
条件３：創作		３：進捗性があること
条件４：高度のもの		４：先願であること

先輩に学ぶ起業ストーリー

はずれにくいピアスキャッチで特許を取得

(株)クリスメラ

クリスメラ
菊永英里さん

業種
製造・販売

設立
2007年7月

商品販売数
17万個

ビジネスの種はどこに落ちているか、わからない。菊永英里さんは24歳のとき、彼氏にもらったピアスをなくして大喧嘩した経験から「はずれない留め具（ピアスキャッチ）が欲しい」と探すが見つからず、なんと自分で開発して特許まで取得してしまった。さらに「クリスメラキャッチ」「ピアスロック」を製造・販売する株式会社クリスメラを設立し、代表を務めている。

「宝石屋さんは、デザインや宝石の種類、トレンドは追っていますが、金具について積極的には考えていないようでした。またピアスはよく失くすので、3000円以下のものを購入する人が多く、アクセサリーとしては客単価も安い。失くさなければ私も高価なピアスをつけたいし、宝石屋さんもクオリティの高いものが作れます。その部分を解決できれば面白いなあと思いました」と菊永さんは当時の心境を振り返る。

さっそく図面をA4用紙に描き、当時勤務していた会社の社長の紹介で試作品を作ってもらえた。そしてネットで弁理士を探し、2006年に特許出願。当初は他者に特許権をライセンスして権利収入を得る「特許ビジネス」を想定

企業情報

- 株式会社 Chrysmela
- 東京都文京区関口 1-9-7 3F（2014年8月移転予定）
- 03-5227-5720（2014年8月移転予定）
- http://www.chrysmela.com

していたという。

「実際のところ、特許権ビジネスはとても難しいものでした。その商品自体が本当に売れるのかわからないと、ライセンスを希望する会社も見つかりません。『それなら自分で作るしかない』と思いました」

工場探しに苦労を重ね、5社の連携による量産化を実現

工場探しは苦労を重ね、信用力を高めるため、2007年7月には株式会社クリスメラを設立した。工場が見つかったのは2008年4月。きっかけは長野・岡谷市周辺にネットワークプラン協同組合という工場が集まる組織があるのを知ったことだった。電子機器の精密部品を作る工場が集積し、部品加工から組み立て、評価測定まで、多くの専門企業が関わり合って1つの製品を作っている。「1社ではできない」と断られ続けていた菊永さんにとっては福音だった。すぐに同地へ出向き、図面を見せた。ネットワークプランに加盟する岡谷市の精密機器部品工場5社が9つの部品を作り、組み立てることで、量産化が実現できることとなったのである。

2013年4月、クリスメラキャッチとピアスロックの販売は11万個を突破した。2013年3月に国際特許（アメリカ）を取得し、次は海外展開を目指している。

「ピアスをロックする」仕組みにより、
大切なピアスをなくす心配がない

企画には自信があるけど、使ってもらえるか不安です…。

A 事前のニーズ調査で確信を得てから事業化しましょう。

ユーザーの声の中から真のニーズをすくい上げる

どんなに自信がある企画でも、ひとりよがりではビジネスになりにくいものです。ビジネスとしてやっていけるかどうかの確信を得るために、世の中のニーズを調べましょう。そういうと「マーケティングなんて個人では無理だよ」とおっしゃる方もいるでしょう。もちろん、たくさんの人にアンケートなどを配布して答えてもらうことはできないかもしれません。しかし、周囲の人やターゲットと考えられる何人かにヒアリングすることはできるのではないでしょうか。

こうした事前のニーズ調査は、大企業でもよく行われています。特に変化の激しいネットサービスの業界では、ユーザーの中でも協力的な人たちと信頼関係を築き、ときに辛辣な意見をもらいながら新しいサービス開発や改善に活かしています。まずは身近なターゲットを見つけ、「こんなサービスなら使うかどうか」聞いてみましょう（**図4-04**）。もちろん酷評されても、そこに改善のためのヒントが隠されている可能性があります。ひとりで考えるより、**周囲にいる協力的なターゲットの力を借りましょう。**

4-04 アイデアは検証して改善していこう

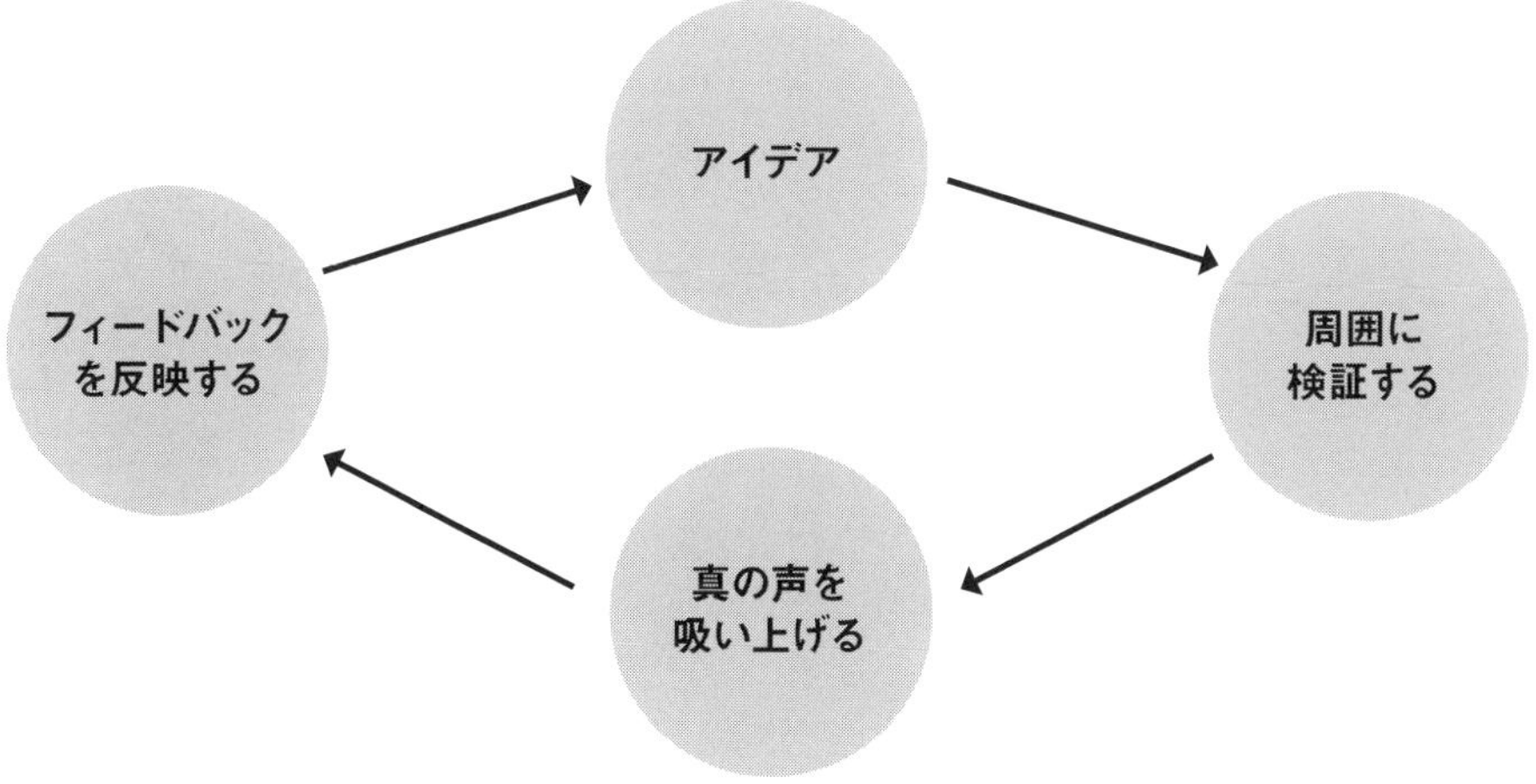

ユーザーと一緒に真のニーズを考える

ネットサービスを中心に、いわゆるベータ版で仮出発して、ユーザーの意見を取り入れながら改善し、サービスとして充実させていくという方法が多くなっています。つまり、すべてを事業者側が考えるのではなく、どうしたら買ってもらえるのか、どうしたら活性化するのか、ユーザー自身に考えてもらうわけです。もちろん、そのためにはユーザーにとってがんばる理由が用意されている必要があります。それは金銭的なものだけでなく、人からの評価や満足感なども大きなインセンティブになります。

サービス成功の鍵はユーザーにとって快適な場を作ること。これはネットビジネスだけでなくリアルビジネスの場でも必要です。いい企画を思いついたら、必ずテストを行ってユーザーの声を聞くようにしましょう。ただし「言いなりになる」というわけではありません。声の中から真のニーズをすくい上げ、サービスへと昇華させていくことが肝心です。

先輩に学ぶ起業ストーリー

ユーザーの声を活かしたマーケットプレイスを運営

ピクスタ株式会社

ピクスタ株式会社
古俣大介さん

業種
ネットサービス

創業
2005年8月

素材数
750万点

写真・イラスト・動画素材マーケットプレイス「PIXTA」。創業者である古俣大介さんがビジネスプラン作りに着手したのが、2004年初秋。

「調査すると、潜在する数百万人のアマチュアカメラマンがネット上で写真を発表したいというニーズはあるけれど、その受け皿があまりないことがわかりました。そのときは写真の販売までは考えていませんでしたが、投稿写真の受け皿になるサイトを作れば何かチャンスが生まれ、新しい価値を生み出せると思いました」

周囲に「アマチュアカメラマンの作品を世の中に出す」というビジネスプランを話したが、「アマチュアの作品が売れるはずがない」と反対された。しかし、以前インターンとして働いた株式会社ガイアックスの上田祐司社長に連絡すると、親身に相談に乗ってくれ、出資を受けられることになり、2005年8月、株式会社オンボードを設立してひとり起業した。

当時、ニュース性のあるスクープ写真を投稿し、マスコミに販売するビジネスを考え、scoopy.jp（スクーピー）というドメインまで取得していた。しかし、

企業情報
- マーケットプレイス「PIXTA（ピクスタ）」
- 東京都渋谷区渋谷 3-11-11　IVY イーストビル9F
- 03-5774-2692
- http://pixta.jp

マスコミ関係者など13名ほどにヒアリングしてもまったく良い反応が返ってこない。「マズイ、必ず失敗する」と気づき、方向転換したという。

ユーザーニーズを極めて赤字脱出！

会社設立から10カ月後の２００６年5月31日、アマチュアカメラマンの写真を販売するサイト「ＰＩＸＴＡ」をリリースした。コンテンツ集めに注力したものの、売れるのは数日に1回程度。３年間は資金調達ばかりだったという。「最初の1年間はクリエイターコミュニティ機能の充実や素材集めに集中し、購入者の視点に目が行っていないことに気付きました」

２００７年3月、それまで登録者が自由に決めていた販売価格をサイズごとの固定価格に変更。「過去に売れた実績」を紹介するなど、的確なレコメンドも行った。その結果、投稿された素材数が10万点を超えた頃から軌道に乗りはじめ、その後は投稿数が増えるたびに販売数の伸びが加速した。２００９年４月、ピクスタ株式会社に社名を変更する。

２０１３年11月にはシンガポールに現地法人を立ち上げ、英語版中国版サイトを開設。２０１４年春には、登録クリエイター数は12万６８００人、素材数は７５０万点と飛躍的に拡大した。4月からは定額制ストックフォトサイト「Imasia（イメージア）」をスタートするなど、事業は順調に拡大している。

登録素材数は、いまや750万点を超える

仕事を通じて、社会をよい方向に変えていきたい！

A NPO法人を立ち上げる社会起業家という方法があります。

近年、「社会起業家＝ソーシャル・アントレプレナー」といわれる人たちが注目されています。ボランティアといった無償の活動ではなく、事業を立ち上げて収益を上げつつ、社会改革を目指すというものです。もちろんボランティアも素晴らしい活動であり、社会に必要であることは間違いありません。しかし一方で、個人の余暇や有志によって成り立つため不安定になりやすく、継続しにくいという悩みも聞かれます。また、活動資金の不足も常に課題となっています。

そこでＮＰＯ（Non-Profit Organization：非営利団体）を設立し、事業活動による収入を得て、活動にかかる費用などをまかなっていこうという考え方が広がっています。現代社会では、どのような活動を行うにも、多少なりとも経費がかかります。新しく事業領域を広げる場合にもお金が必要です。非営利活動でも、社会貢献活動を継続していくために、事業によって利益を生み出し、その資金を次の事業拡大に活かしていく仕組みづくりがとても大切なのです。

ですから、仕事を通じて生活の糧を手に入れると同時に、社会をいい方向に変える活動をしたいと考えるなら、ＮＰＯ法人などで社会貢献活動を継続的に行う方法もあります。事業内容や法律、利便性などから考えて、営利・非営利を選択するとよいでしょう。

4-05 NPO法人設立のメリットとデメリット

メリット		デメリット
● 社会的な信用力がある ● 税制などにおいて優遇策があり、行政の支援も受けやすい	VS	● 収益は社会貢献活動の範囲に限られる ● 金融機関の融資を受けにくい

社会改革を意識した非営利事業のメリットとデメリット

社会起業家の起点は「世の中を良くしたい！」という思い。法人設立により、そのメッセージを伝えつつ、賛同者を集め「ソーシャル・ベンチャー精神」を強く打ち出すことができます。ＮＰＯ法人を設立するメリットは、法人格としての社会的信用が得られること。また、税制などにおいて現状では優遇策が取られており、行政などの支援も受けやすいという特質があります。

しかし、その一方で事業はあくまでも社会貢献活動なので、収益を上げれば、その資金は活動拠点を増やすため、事業の活動資金などにまわり、あくまでも事業の継続や活動の幅を広げるために使うことになります。そのため、あまり高額、利益の多いサービスは提供しにくかったり、金融機関の融資を受けにくいなどのデメリットもあります（**図4－05**）。

また、非営利事業でも、事業を順調に遂行していくためには、営利企業が取り組む優秀な人材集めや広報活動などに力を入れる必要があります。これには、人材の力を借りたいところ。プロボノ（Pro bono）という、自分の持つスキルや技術を社会貢献活動に活かそうとする人も増えています。あなたの社会貢献活動への助言や手伝いをしてくれるプロボノワーカーを探してみてはいかがでしょうか。

先輩に学ぶ起業ストーリー

福島の人々に寄り添い、心の支援を行う

NPO法人 ふくしま支援・人と文化ネットワーク

NPO法人 ふくしま支援・人と文化ネットワーク
郡司真弓さん

業種
非営利活動

設立
2011年10月

正会員
160名

未曾有の被害を与えた東日本大震災。中でも福島県は大地震や津波のみならず、福島第一原発事故の被害を受け、多くの人が大きな不安を抱えていた。

「それなのに、原発事故のせいで弱い人を助けるべきNGOやNPOが支援に入れない。そんな状況が悔しくてたまりませんでした」。そう当時を振り返るのは、NPO法人 ふくしま支援・人と文化ネットワーク理事の郡司真弓さん（福島県いわき市出身）。歯噛みしていたところに、同郷の講談師・神田香織さんに「福島の人たちに寄り添うNPOを作らない？」と声をかけられる。

意気投合した二人は同郷の知り合いに呼びかけ、2011年10月1日、NPO法人 ふくしま支援・人と文化ネットワークが立ち上がる。以降、長期的な福島県の支援をめざし、人々をつなぐ場づくりを中心に活動を行っている。

女性の自立支援と地域づくりをテーマに、活動の輪を広げる

郡司さんがNPOを立ち上げたのは今回が初めてではない。1998年には寄付された衣料や雑貨を販売し、その収益をもとにさまざまな新興国支援・交流を行う非営利団体「NPO法人WE21ジャパン」を立ち上げ、12年に渡り理

企業情報

- 特定非営利活動法人 ふくしま支援・人と文化ネットワーク
- 横浜市泉区中田東 3-16-5 WEショップ内
- 090-2171-4971
- http://www.support-fukushima.net/

事長を務めた。現在、神奈川県を中心に37地域に設立したNPO法人が57店を運営する。事業財源がなく会員寄付や助成金に頼らざるを得ない組織も多いなか、自己財源を確立することで自らの事業の継続はもちろん、地域の人たちが集う多目的スペースを作るなど収益を地域に還元できるようになった。現在も郡司さんは政策提言部会座長として活動に参加している。また、2004年に開設したDV被害者など女性の自立を支援するステップハウス「共同の家プアン」では、代表も務める。

「アジアの国々で悪条件でも前向きに取り組む女性を支援しながら、国内に目を向けると、理不尽な権力や暴力で苦難な生活を強いられている女性がいる。いずれも問題の構造は同じであり、私には解決するべき課題だったのです」

そんな郡司さんが、郷里の福島で理不尽な境遇にある女性や子どもを支援したいと考えるのは自然なことだった。

「活動を通じ、女性を取り巻く問題の多くが『育ち方』にあることを痛感してきました。親子関係の補完的役割を果たす地域が、福島では破壊されています。国が十分に対応できずにいるいま、NPOとして地域を育てる役割を担おうと考えています」

活動を継続するための収益性は重要。それ以上に社会を変えたいと願う情熱こそ、NPO存続の原動力であるのは間違いない。

福島を支援してくれる韓国の方々との交流会にて

製品アイデアはあっても、工場を持つ資金まではありません。

A 工場を所有しない「ファブレス」で解決できますよ！

製品化のアイデアを思いついても、自分で製造するのはハードルが高いもの。アイデアを形にすることを諦めてはいませんか？　そんな方は「ファブレス」を検討してみてはいかがでしょう。ファブレスとは、「fabrication＝製作、組立て」＋「less＝なし」の意味で工場を持たない業態を指します。自社ではブランディングと営業活動に力を入れ、ＯＥＭとして他の工場に製造を委託して事業を行うわけです。半導体など大規模なビジネスを想像するかもしれませんが、近年ではアパレルや家電、雑貨メーカーなどにも広がり、スモールビジネスでも増えてきました。

工場を所有しないため、初期投資が少なくて済み、製品の企画・開発、マーケティングや営業販売に経営資源を集中でき、当然リスクも低減できます。また設備投資や人件費をかけずとも、既に高い技術を持ち、効率化を成し得た工場をすぐに利用できることも大きなメリットです。

逆にデメリットは商品の品質をコントロールしにくいこと、生産ノウハウを蓄積できないこと、そして生産プロセスが見えないためコストダウンが難しいことなどが挙げられます。さらに製品に何かトラブルがあれば、対外的には責任を追うことになります（図4－06）。

4-06 ファブレスのメリット・デメリット

メリット		デメリット
● 企画・開発、営業販売などに集中できる	VS	● 品質のコントロールが難しい
● 初期投資が少なく、リスクが低い		● 生産ノウハウを蓄積できない
● 外部資源を活用できる		● 生産のコストダウンが難しい
● 設備投資費、人件費を抑制できる		● 自社製品として責任を取る必要がある
● 自社生産より、高度な技術を扱える		

自分で見極めて、よい工場を選ぶ

ファブレスには一長一短ありますが、それでも資金の少ないスモールビジネスにとっては魅力的。ただし成功のポイントは「どの工場を選ぶか」にかかっています。信頼できる紹介者がいないのであれば、ネット検索などで連絡先を調べ、電話で「このような製品が作れるか」を自分で工場に問い合わせてみるのが一番です。また、類似商品があるなら、それを作った工場を調べてみましょう。その上で担当者に会い、実際の工場も見せてもらえるとよいでしょう。

ファブレスの難しさは「生産管理」にあります。在庫切れによる欠品は、販売機会を逃すだけでなく、信用が低下してその後の受注に響きます。しかし、在庫を潤沢に持つにはスペースなどコストもかかります。OEMを受託する工場側も、ある程度のロットでないと生産はできないので、起業当初は少なく生産してもらう方法を工場に相談するしかありません。ベストな在庫状況を見出していきましょう。

先輩に学ぶ起業ストーリー

オートロック電子錠を自前で開発&販売

(株)セリュール

オートロック電子錠の開発・販売を手掛ける株式会社セリュール。代表を務める長島理恵さんの起業のきっかけは、なんと韓流ドラマ。登場人物が鍵を持たずに「ピピッ、ピピッ、カチャッ」と玄関の鍵を開けていく。そこに目を奪われたという。これがオートロック電子錠との出会いだった。

韓国では9割に普及しているオートロック電子錠だが、日本での普及はまだまだ低い。しかし長島さんは「ドアを閉めれば勝手に鍵がかかり、開ける際には暗証番号を押すだけ。『ちょっとコンビニへ』『ちょっとゴミ出しへ』という時にも鍵を持たなくてよい。その便利さに惚れ込むと同時に、鍵のかけ忘れを防げる点は本当の意味での防犯となる」とその有用性に着目した。

起業したばかりで暗中模索する中、オートロック電子錠は「世の中を変え、鍵の歴史を変えられるだけでなく、新たなインフラを作れる商材だ」と確信。初の取引先が現れたことで会社設立を決心する。2009年5月20日にひとり起業、資本金300万円で株式会社セリュールを設立した。市場リサーチ時期には既存の製品を仕入れていたが、起業後はファブレスによって企画・設計開

セリュール
長島理恵さん

業種
企画開発・販売

設立
2009年5月

資本金
1000万円

企業情報

- 株式会社セリュール
- 東京都中央区銀座 4-13-15　成和銀座ビル７階
- 03-6278-8835
- http://www.serrure.co.jp

発・販売に注力。日本のトップメーカーの電子部品を使った回路に設計し直す等、600万円をかけて商材の一部を変更し、スマートキードア機能を持つ「Premia（プレミア）」を含む販売を開始した。

その後2010年秋には自社開発のハンドル付きメイン錠「Iris（アイリス）」を発表。2014年夏には集合住宅向け商品の発売を予定している。短期間で段階的に製品のグレードアップが叶ったのも、ファブレスによって企画開発・販売に注力できたからと言えるだろう。

少数精鋭で世界に通用するブランドを目指す

ファブレスによる製造部分の省力化によって、自社のリソースを企画開発と営業販売に注力できるようになる。長島さんは組織の将来像を「基本的に少数精鋭で運営するメーカーになりたい。それがユーザーの方々に良い商品を安く提供出来る事になるから。新しいメーカーの有り方を築ければ」と話す。

「『電子錠と言えばセリュール』と言われ、世界に通用するブランドを構築していきたい。まずは日本にオートロック電子錠を普及させたいですね」

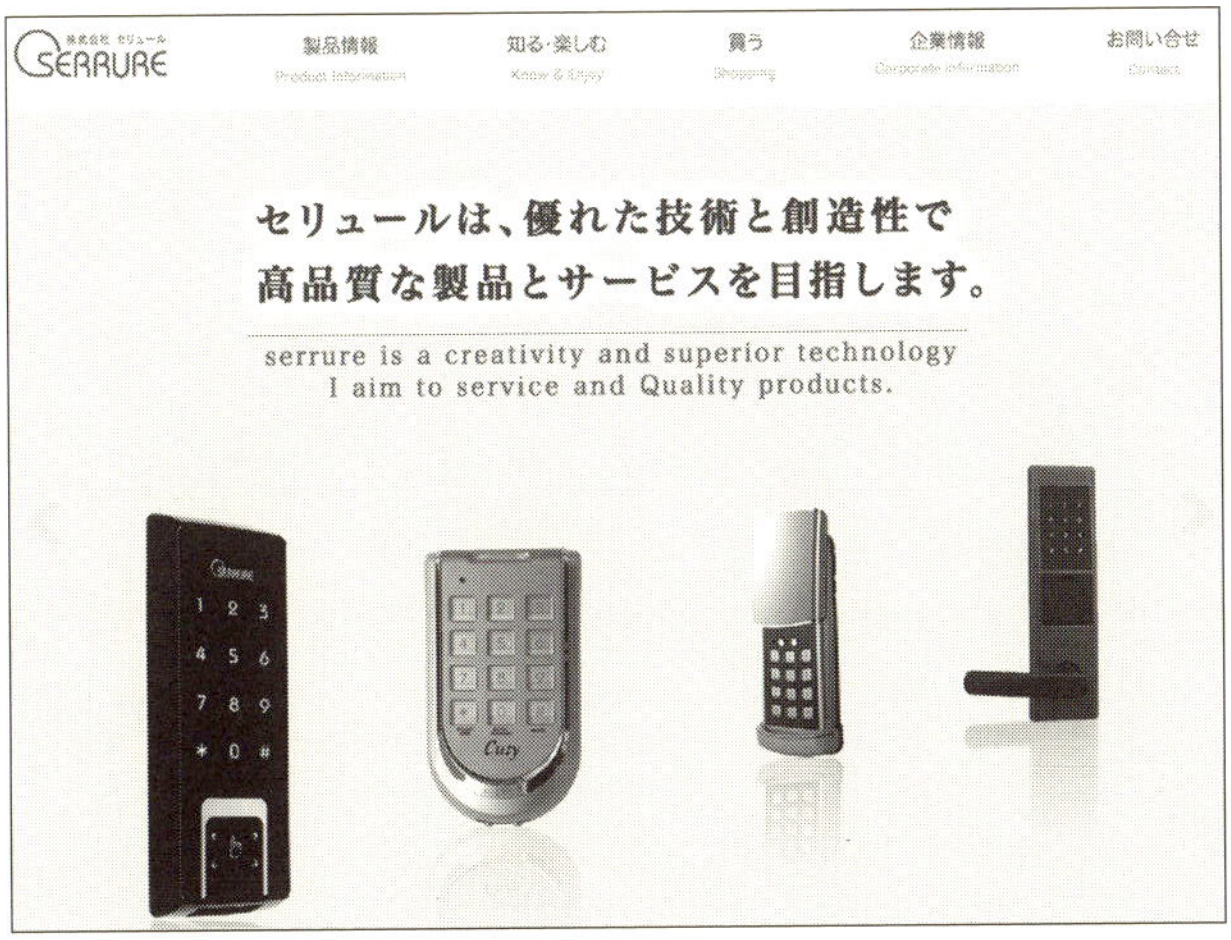

レバーハンドル付き「Iris」、ICキーで解錠する「Grace」、暗証番号で解錠する「Cuty」、ドアに近づくと解錠できる「Premia」を扱う。

12

起業したいのですが、仲間が見つかりません……。

A Twitter などSNSを使って仲間を集めてみては？

起業したいけれど、ひとりでは不安。かといって、タイミングよく周囲に起業したい人や、自分が望んでいるスキルや経験を持っている人がいないことも多いでしょう。もちろん人を介して探したり、起業セミナーなどに参加したりして仲間を募ることもできますが、近年ではインターネットを利用したパートナー探しも活発になってきているようです。

インターネットを介した人集めの手段の1つとして、今最も期待できるのが、SNS（ソーシャルネットワークサービス）です。代表格のFacebookでは、知り合いに「こんな人はいないか？」と書き込んでみると、意外なところから紹介されることがあります。Twitterなどでつぶやけば、まったく知らない人から「興味ある」と反応があるかもしれません。他に外国人ユーザーが多いLinkedinやGoogle+も有望株。mixiは主婦層を探す際に有効とも言われています。「あなたの事業を支援してくれそうな人、利用する人が多そうなSNS」を使って探してみるとよいでしょう。

その前に、まずはブログでもSNSにでも構いませんから、とにかく自分の「熱意」と「あなたがどのような人間か」わかるコンテンツをアップしておきましょう。もちろん掲載しているだけで声がかかることはまずありません。自分と気が合う人を探し、自ら相手の懐に飛び込むつもりでス

| 4-07 | 推進力のあるチームにするための５ステップ

❶ リーダーを中心にビジネスプランを練る

❷ 必要なスキル・技術を分析し人材を集める

❸ 全員が熱中できるビジョン・目標を共有する

❹ 担当分野を分けて役割分担する

❺ 定期的なミーティングでモチベーションを維持する

カウトしてみましょう。

イメージ共有のできる熱意ある人を

創業メンバーを集めるにあたって、自分が考える創業チームのイメージを明らかにしておくほうがよいでしょう。まず行うべきは、自分がどのようなことを実現して問題を解決したいのか、どのような世の中にしたいのかを明確にすることです。そして、その上で「このような事業がしたい」と夢を語りましょう。あなたの志に、自分の夢も重ねる人（同意した人）がメンバーに最適です。スキルより「熱意」が大事です。

創業メンバーを推進力のあるチームにしていくためには、**図４―07**に挙げる５つのステップが必要になると想定されます。成果がすぐに出ないスタートアップ期は苦しいもの。ついついおろそかになりがちな❺のモチベーション管理をきちんと行い、代表者が熱意を伝えるつもりでチーム全体のモチベーションキープを図りましょう。

先輩に学ぶ起業ストーリー

Twitterで賛同者を獲得しiPhoneアプリをリリース

(株) nana music

nana music
文原明臣さん

業種
ネットサービス

設立
2011年12月

　世界中の人々が心を1つに唄い上げた「We are the World for 25 Haiti」。2010年1月に起きたハイチ大地震の被災者支援のためのチャリティ・ソングだ。その曲に心を揺さぶられた文原明臣さんは、最も身近なネットワークインターフェイスであるiPhoneをマイクにすれば、歌で世界中の人々を1つにできるのではないかと考え、行動を開始する。

　アイデアをすぐにTwitterでつぶやき、Tech系のイベントにも参加。ゴールデンウィークには、ネットメディア関係者にプレゼンするために上京し、Twitterを通じてサーバーエンジニアの辻川隆志さんと出会う。4時間もの熱弁の末、「一緒にサービスを開発しよう」と意気投合した。

　その後、コワーキングスペースなどを通じて次々と仲間が集まり、2011年12月27日、ベンチャーキャピタルや個人エンジェル投資家からの出資を受け、株式会社nana musicを設立した。文原さんがアイデアを思いついて1年と数カ月のことだった。

企業情報

- 株式会社 nana music
- 東京都渋谷区渋谷 3-26-16 第5叶ビル 5F
- http://nana-music.com

メンバーで開発したnanaが爆発的にユーザーを獲得

わずか半年強の開発期間を経て、2012年8月、iPhoneをマイクに世界で歌声を共有するアプリ『nana』のβ版が完成した。1年後には、月間アクセス数が1000万PVを突破、楽曲の累計投稿数も30万曲を超え、毎日2500曲が投稿されるサイトに成長した。同年11月、正式バージョンをリリース。2014年1月、初めてのリアル・ライブイベントを開催し、120名のイベント集客、生放送の視聴者は1万名を超えるなど大成功を収める。

ユーザーが爆発的に増えている同サービスだが、広告宣伝費はゼロ。ネットメディア記事とiTunesストアの新着に掲載されただけ。文原さん自身がネット業界のさまざまな人物に会い、直接宣伝していることが功を奏したという。

「ユーザーさんが勝手に見付けてくれ、自然とユーザー数が増えました。また、TwitterやFacebookと連携させているので、ユーザーさんは自分の歌声や演奏を知人と共有することができ、それを通じたクチコミ効果も絶大です」

今後は無料サービスであるnanaを通じて収入を得るビジネスモデルを考案し、収益の柱を作っていくことが課題だ。また、英語版のリリースで海外展開も視野にいれている。

iPhoneをマイクに、世界中の人と一緒に楽曲を作り上げるアプリ『nana』

大手がやらない分野に手を出すべきか悩んでます。

A リスクがあってもニーズが高い分野はビジネスチャンス！

大手企業の場合、採算がとれるだけの量が集まることが前提のため、ニーズがあるのに手を出さないビジネスはたくさんあります。しかし、スモールビジネスなら十分に採算がとれる可能性はあります。ですから、大手がやらないニッチ分野や新しい分野はむしろチャンスのはず。

たとえば「日本に住む、これから住みたい外国人」向けのビジネスはどうでしょう。グローバル化が進み、労働人口が減少するこれからは、日本に住む外国人が増えることが予想されます（図4-08）。しかし、外国人にとって日本のビジネス慣行や生活様式は独特で、戸惑うことが多いでしょう。そこをサポートする店舗やサービスは必須になってくることが考えられます。

身近なニーズから、ニッチビジネスや新分野を探し当てて

ビジネス書などでは、新しいビジネス分野であるブルーオーシャンを探せといわれていますが、いきなりその分野を探すのは難しいものです。もし、あなたが「こんなビジネスがあればいいのに」と考えているにも関わらず存在していないものがあるならば、それがニッチビジネスになる可能性は大いにあります。大手企業があえて手を出してこなかったと仮定して、その理由や原因を分析してみましょう。手を出さなかった原因がビジネスをはじめるのに必要な市場の大きさであるならば、

4-08 先進国における外国人労働者比率

【労働人口に占める外国人の比率】

（出所：独立行政法人　労働政策研究・研修機構
「データブック国際労働比較 2008」より）

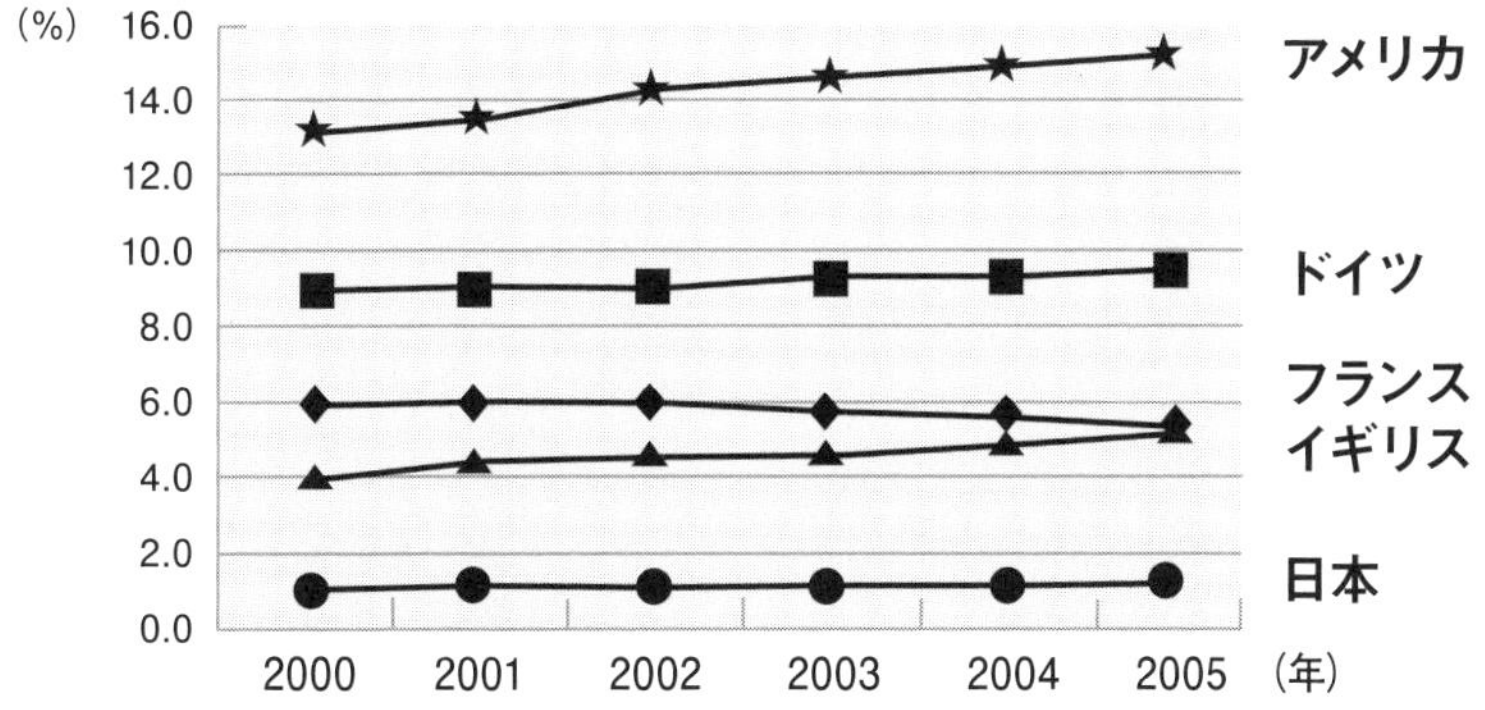

将来、外国人労働者数が、現在の数倍に膨らむ可能性あり
⇒　新しいビジネスチャンスの到来！

小さなビジネスとしては成り立つ可能性があるというもの。

どれくらいの売上を上げたいかにもよりますが、自分と家族が食べていければいいのであれば、さほど大きな市場規模でなくても構わないでしょう。従業員を増やして大きな組織としたいなら、潜在顧客の人数や客単価を客観的に調べてみましょう。

大手が乗り出してきたときの対応を考えておく

はじめはニッチでも「儲かる」と判断されるようになれば、当然ながら多くの企業が参入してきます。しかし、先駆者としては、後乗り業者の先を行く努力をしたいもの。ビジネスを通じて新しい収益の「芽」が見えてくるようであれば、存続しながら需要と収益が得られそうな分野に乗り出すのも手です。とはいえ、ギリギリになってからでは遅すぎます。既存ビジネスが順調なときに「いざという時」を頭において、前のめりで事業を進めておくことが大切です。

外国人向け家賃保証を思いつき、事業化へ

(株)グローバルトラストネットワークス

株式会社グローバルトラストネットワークス
後藤裕幸さん

業種
不動産

創業
2006年7月

開業資金
1650万円

後藤裕幸さんは2003年2月、韓国に進出したい企業を支援するコンサルティング会社を設立。ソウルに支社を持ち、後藤さん以外の従業員は全員外国人だった。そんなとき、後藤さんはある〝気づき〟を得る。

「外国人の友人も多く、その当時から、外国人が日本でアパートやマンションを借りる際に、保証人がいなくて困っていることを知っていました。私自身が保証人になったこともあります。そこで『これは、ビジネスになりそうだね』という話をよくしていました」

この気づきをもとに、外国人向け家賃保証サービスをはじめることにした。

外国人の住みたいニーズを分析し、事業化へ

外国人にとって、日本で住む部屋を確保することは容易ではない。外国人には連帯保証人や礼金は日本独特で納得できない不便な制度に見える。一方で「ゴミの分別」「契約者以外の入居は禁止」など、日本では当たり前のルールが守られず、外国人の入居はトラブルのもとになると考える大家が多かった。

しかし、外国人の友人知人の多い後藤さんは経験上、日本のしきたりや生活

企業情報
- 株式会社グローバルトラストネットワークス
- 東京都豊島区東池袋1-17-8　ＮＢＦ池袋シティビル３階
- 03-6804-6801
- http://www.gtn.co.jp

習慣をきちんと説明すれば、ほとんどトラブルもなくなることを知っていた。「そこをクリアすればビジネスとして成り立つ」と判断し、2006年7月、外国人の多い街、池袋に事務所を借り、ひとりで資本金1650万円の株式会社グローバルトラストネットワークスを設立。事業をスタートした。

滑り出しは順調とはいえなかった。創業して間もない会社に信用力はなく、ほとんど顧客を得られなかった。そこで後藤さんは直接営業はやめ、宅地建物業者の免許を取って外国人専門の不動産賃貸仲介サービスを展開し、紹介客への保証サービスを利用を促し、実績を積み上げていった。「不動産屋に外国人のお客さんを紹介するだけなら、弊社の歴史、実績、信用なんて関係ない。お客さんを紹介した後に、『うちの家賃保証サービスを使ってください』とお願いしました。先に相手の役に立つようなことをGIVEしたわけです。もちろん、弊社のサービスを少しずつ使ってくれるようになりました」。

その後、ベンチャーキャピタル等から出資を得て実績を積み上げ、サービスを充実させることで、利用してくれる不動産会社は急増した。現在は首都圏や関西にも進出を果たし、今後は海外展開も見据えている。

英語、中国語、韓国語、ベトナム語を話す人材を常駐して、外国人向けのサポート体制を整えている。

14

教室をはじめたいけど、設備投資の資金が足りません……。

A 「道具の持ち込み」も検討してみましょう。

教室をはじめようと考えたとき、教室などの施設や必要となる道具などの設備に投資しようとする人は多いのですが、実は参加者にとっては、施設や設備ではなく「場」に魅力を感じていることが多くあります。つまり、楽しめる「場」を創ることが肝心ですので、必ずしも固定の教室を用意しなくても教室をスタートできます。

探してみると、「場」のスペースを提供するサービスは数多くあります。レンタルの会議室やオフィス、コワーキングスペース、ワークショップスペース、カフェや画廊、スタジオなどもありますし、個人宅や公共施設など対象を広げてみると、意外な場所が「場」になるでしょう。借りられるモノも増えています。レンタル品目は増え、カーシェアリングなどのサービスも充実してきました。

また、参加者が自分の道具を持ち込むことで、場の満足度が高まることもあります。たとえば、楽器やパソコンなどは使い慣れた自分の道具のほうが習熟度が高まり、参加者の満足度が高くなることが多いようです。「資金がないから」ではなく、参加者の満足度を上げるためにあえて設備投資をしない方法を考えてみてはいかがでしょうか（図4－09）。

4-09 設備投資をしないメリット・デメリット

メリット		デメリット
● 固定費（教室代）を抑えることができる ● 固定費削減による受講料金の低価格設定 ● 自分の道具で学べることで参加者の満足度が向上する	VS	● 場所やスタッフの手配が煩雑になること ● 毎回、同じ道具と設備が揃わないリスク ● 場所が異なり、生徒さんが混乱する場合も

拠点を定めないことによるデメリットも考えて

拠点を定めないことで、場所やスタッフの手配が煩雑になったり、同じ設備が揃わないリスクがあったり、デメリットも少なからずあります。物品を置いておけないことで、別の場所からの配送費や保管費がかかるなど、思わぬコストが掛かることもあるでしょう。会場が毎回違うと、生徒さんが混乱する場合もあるようです。こうしたことを鑑みながら、前述のようなメリットと比較して、より自身のビジネスにプラスになるほうを選ぶとよいでしょう。

毎月一定の売上が見込めるようになったら設備投資の検討を

基本的に設備投資は経費の一部ですから、売上とのバランスを見極めることが大切です。その決定ポイントは「毎月の座布団収入」です。教室なら月謝、物販なら毎月の売上が数カ月にわたって見込めると判断できたら、その利益を生み出す設備への投資を検討するといいでしょう。その際、〝一気に〟ではなく、できるかぎり段階的に無駄なく投資することが肝要です。

先輩に学ぶ起業ストーリー

あえて「パソコン持ち込み」方式にしたパソコン教室

NPO法人カルミアネット

「NPO法人カルミアネット」代表
祢津順子さん

業種
教室

創業
2000年

開業資金
2,000円

なんとたったの2000円！　これは、超初心者向けにパソコン教室を開催する、NPO法人カルミアネットの開業資金。内訳は受講希望者向けの説明会に借りた公共施設の貸会議室代、および配布資料の印刷代だという。理事長の祢津順子さんはもともとパソコンインストラクター。生徒さんから「教室にあるパソコンと、自宅にあるパソコンでは機種が違うので、なかなか操作が覚えられない」と聞いたことをきっかけに、パソコン持ち込み形式のパソコン教室の設立を思い立った。「持ち込み形式なら、生徒さんも機能を覚えやすいし、何より機器を購入する費用もかかりません。これは受け入れられるのではないかと考えたのです」

2000年2月の設立時には、メンバーの3人とも主婦で開業資金はほぼゼロ。そこで、安価な公共施設の貸会議室を借りることを考えた。こうしてパソコンと教室を調達し、資金不足とニーズ対応の課題をクリアした。

現在も基礎コースの受講料は1回1000円～（1回1000円＋場所代と、場所代込みで1回1600円の2種類）と安価に運営されており、世田谷区で

団体情報

- NPO 法人カルミアネット
- 神奈川県川崎市宮前区宮前平
- 044-855-6537
- http://www.kalmia.jp

週1回ずつ教室を開いている。受講者は毎回20人弱、パソコンの操作は初めてという超初心者ばかり。現在の会員数は卒業生を含めて920名、最年長は90歳の女性だという。卒業後も、月1回OB・OG会、年2回親睦会を開催するなど横のつながりを大切にしている。「親睦会では都電を貸し切って都電ツアー、浅草名所巡り、横浜からクルージングなど、遊びにも力を入れています（笑）」。

公共施設を利用し、非営利の社会企業として成長

会員数が増え法人化を考えた際、株式会社も検討したが、設立資金もかからず、社会的な信用力もつくNPO法人の設立を選んだ。「営利目的だと、社会的な信用を得るために、立派なビルに事務所を借りなければならないでしょう。そんなことにお金をかけるなんて、もったいない。私たちの目標は社会貢献ですから、NPOが向いていると思いました」と祢津さん。「普通のパソコン教室では、10年間も続かなかったと思います。会員の皆さんと一緒にボランティア活動をして社会貢献するなど、同じ目標を持っているから連帯感が生まれているのだと思います」

その後もパソコン持ち込み、安価な公共施設利用、宣伝活動に費用をかけないというスタイルで、まもなく16周年を迎える。

受講者は毎回20人弱、パソコンの操作は初めてという超初心者ばかり

農業をやりたいけれど、食べていけるか心配です……。

A 付加価値の高いパーマカルチャー農業に取り組んでみては？

近年、農業をやりたいという人が急増しています。さまざまな助成が受けられるようになり、アグリビジネスを対象にしたベンチャーキャピタルが登場するなど支援が得られる好機ともいえるでしょう。しかし、その反面で肉体労働のきつさや技術的な未熟さゆえに挫折する人も少なくありません。収益が上がらないことを理由にする人もいます。

そんな中で注目されているのが**都市型の付加価値性の高い農業**です。有機栽培や地場野菜、そして循環型を意識した「パーマカルチャー農業」もその1つといえるでしょう。いずれも決して生産性が高いものではありませんが、都市に近いため付加価値の高い野菜の購買者が安定して見込めること、そして農場体験や農業教室といったサービス事業など、通常とは異なる収益源が得られることも魅力です（図4－10）。

インターネットを活用した新しい農業の形が拡大中

付加価値性の高い野菜であれば、ネットビジネスも有効な販売チャネルの1つです。農家の生産方針や人柄をホームページで見てファンになった人が直接買ってくれることもあるでしょうし、宅配便が普及した今なら全国津々浦々まで届けることができます。直販なので、中間業者へのマージ

|4-10| 多様化する農業ビジネス

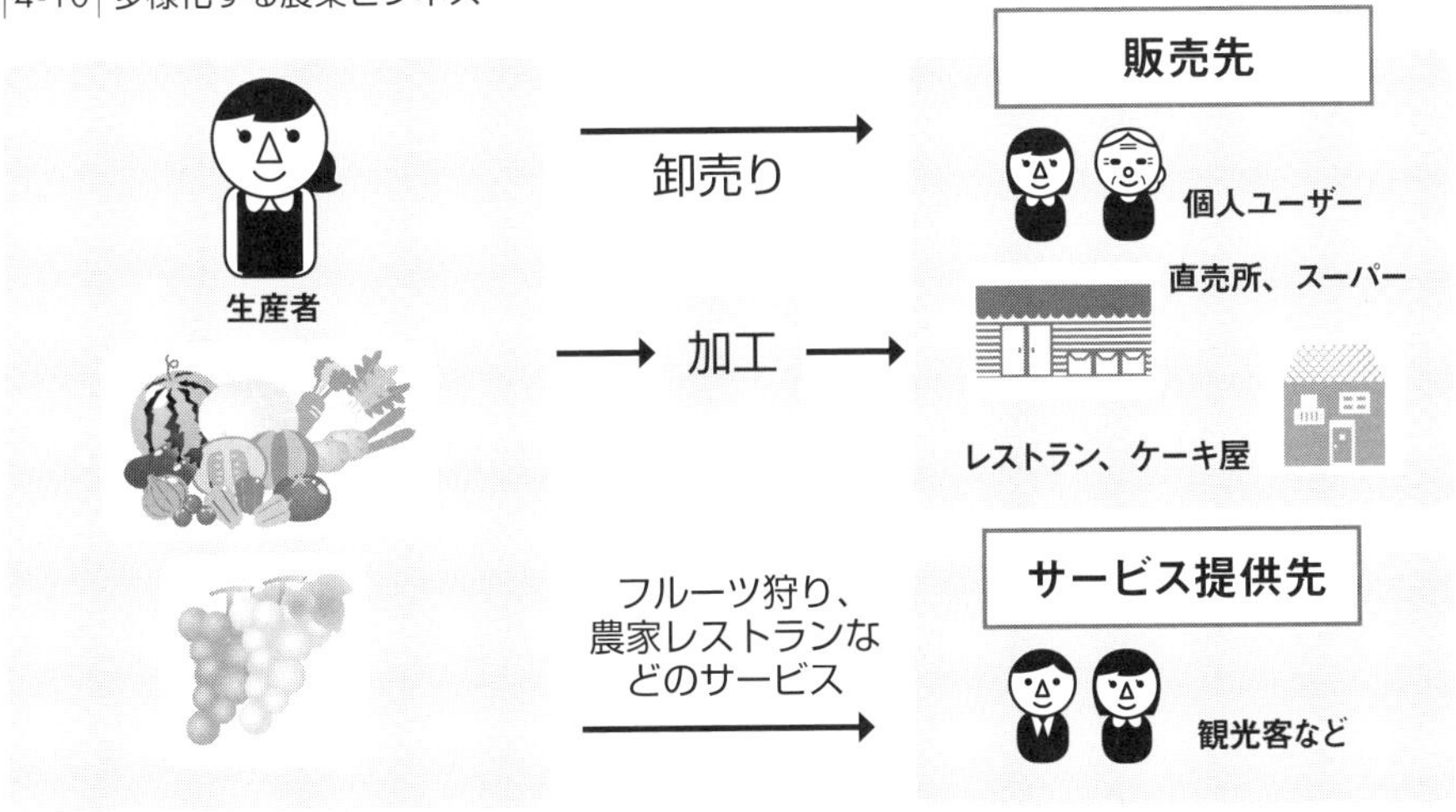

ン支払もなく、利益率が高いのも魅力です。

また、農業と並行したサービス事業のプロモーションにもインターネットは欠かせません。「野菜、果物のとり放題」といった企画はもちろん、農地の一坪オーナーや農業体験なども今やウェブサイトで広報し、受け付けることが当たり前になってきました。

加工品を作って付加価値を高め、利益率をアップ

付加価値を高める方法として加工品製造も有効です。たとえばキウイ農家がキウイジャムを製造販売するなど、さまざまな加工品が登場しています。こうした背景には、味はいいのにキズがあったり形がいびつだったりする規格外品をなんとかしたい、といった切実な悩みがあります。しかし、それが大人気になったという話は案外多いのです。そうしたアイデアは、別の仕事をして単なる消費者だったという人のほうこそ浮かぶもの。ぜひ、消費者目線で魅力ある加工品を考えてみてください。

先輩に学ぶ起業ストーリー

都市型有機農業により1年半で黒字化

自然農園レインボーファミリー

自然農園レインボーファミリー
笠原秀樹さん

業種
農業

創業
2003年3月

開業資金
200万円

農業とゆかりのない仕事を経験していた若者が農業をはじめ、インターネット通販で消費者に直販するケースが増えてきている。千葉県流山市で有機農業をはじめて12年という笠原秀樹さんもそのひとり。近年注目される循環型農業「パーマカルチャー」の考え方を取り入れた農場で、年間約60種の野菜を栽培し、放し飼いのニワトリを約300羽飼っている。個人向けに野菜セットを宅配するほか、地元スーパーや都内レストランにも販路を拡大した。

野菜は無農薬、無化学肥料、自家製の鶏糞とボカシ肥料（米ぬかや魚粉などを発酵させたもの）で育て、日当たりの良い小屋で放し飼いするニワトリには、国産くず麦、野菜くずなどのエサを与えている。野菜や卵のおいしさがクチコミで広がり、独立から1年半後、農業経営は黒字となった。

「消費者に直接販売できる場合と流通を通さなければ売れない場合では、実質的な利益は2倍も違ってきます。すると、後者が同じ収入を得るためには、2倍の作物を販売しなければならない。自分が作ったものを希望の価格で売る手段を見つけられる農家は強いですね」

農園情報

- 自然農園レインボーファミリー
- 千葉県流山市名都借 965
- https://www.facebook.com/sizennouenrainbowfamily
- http://www3.hp-ez.com/hp/rainbow-family

パーマカルチャーなら、農業でも食べていけると実感

笠原さんはもともと環境問題を意識し、造園業を目指していた。はじめは農業で食べていけるのか不安を感じていたという。

「それまで農業では食っていけないと思っていたのですが、農家でも十分生活していけると聞きました。実際に、畑を耕しながら有機野菜を作り、家族と楽しく暮らす農家の様子を見ました。それなら造園業で独立するより、有機農業のほうが面白い！と思ったんです」

2003年3月、26歳で会社を辞め、栃木県の有機農家ウインドファミリー農場に夫婦で住み込み、1年間研修を受けた。経営者の上田正さんから「野菜の宅配をするなら、毎週30件のお客様がついてくれれば、生活はできるだろう」とアドバイスを受け、はじめの一歩を踏み出す勇気を得た。

自宅と農地は、徒歩10分圏内。通勤時間はなく、家族と過ごす時間が長い。職住接近で楽しく生活する「家族経営の農業」というスタイルを選んだ笠原さん。農家となって得られた有機的な人とのつながりにはとても満足している。そして、「本来自分の好きなことにしか熱中できない性格なので、今の生き方には十分満足しています。今後は自分と同じ様な生活を目指す人を受け入れ、農業者育成に力を入れていきたいですね」と語る。現在、農園では研修生を募集中だ。

養鶏小屋では無農薬野菜をエサとして
与え、放し飼いでニワトリを育てる

競合他社が多く、どのように差別化すればいいか悩んでいます。

A ニーズを解決するマッチング・情報サイトの開設で潜在顧客をゲット！

どんなビジネスでも競合他社との差別化は悩ましいところ。特に提供するサービスに差異がないもの、たとえば弁護士、会計士などの専門的な職種では、初対面の見込み客に、提供するサービスやクオリティの違いを理解してもらうのは難しいものです。となると、信頼関係に基づく人脈や口コミが集客のカギとなってくるわけですが、ほかにも方法がないわけではありません。

その1つが、**ある分野における情報やノウハウを発信することです**。講演会でも勉強会でもよいのですが、人数や時間に限りがあるのが悩ましいところ。それなら、ウェブサイトを利用しない手はありません。ブログやSNSなどで情報やノウハウを提供すれば、その分野に関心のある潜在顧客が集まります。さらに集まるだけでなく、情報を提供したり、ときには簡単な相談に乗ったりすることで、信頼関係を積み上げることができるというメリットがあります（**図4−11**）。

潜在顧客から「お客さま」へと育てるコツ

情報サイトを立ち上げて、たくさんの人たちが集まってきたとしても、ここで一足飛びに営業活動をしようとしても引かれてしまい逆効果です。あくまで「潜在顧客からお客さまへ」はじわじわと育てていくことを心がけましょう。

|4-11|ウェブサイトを活用して、潜在顧客をお客さまへ

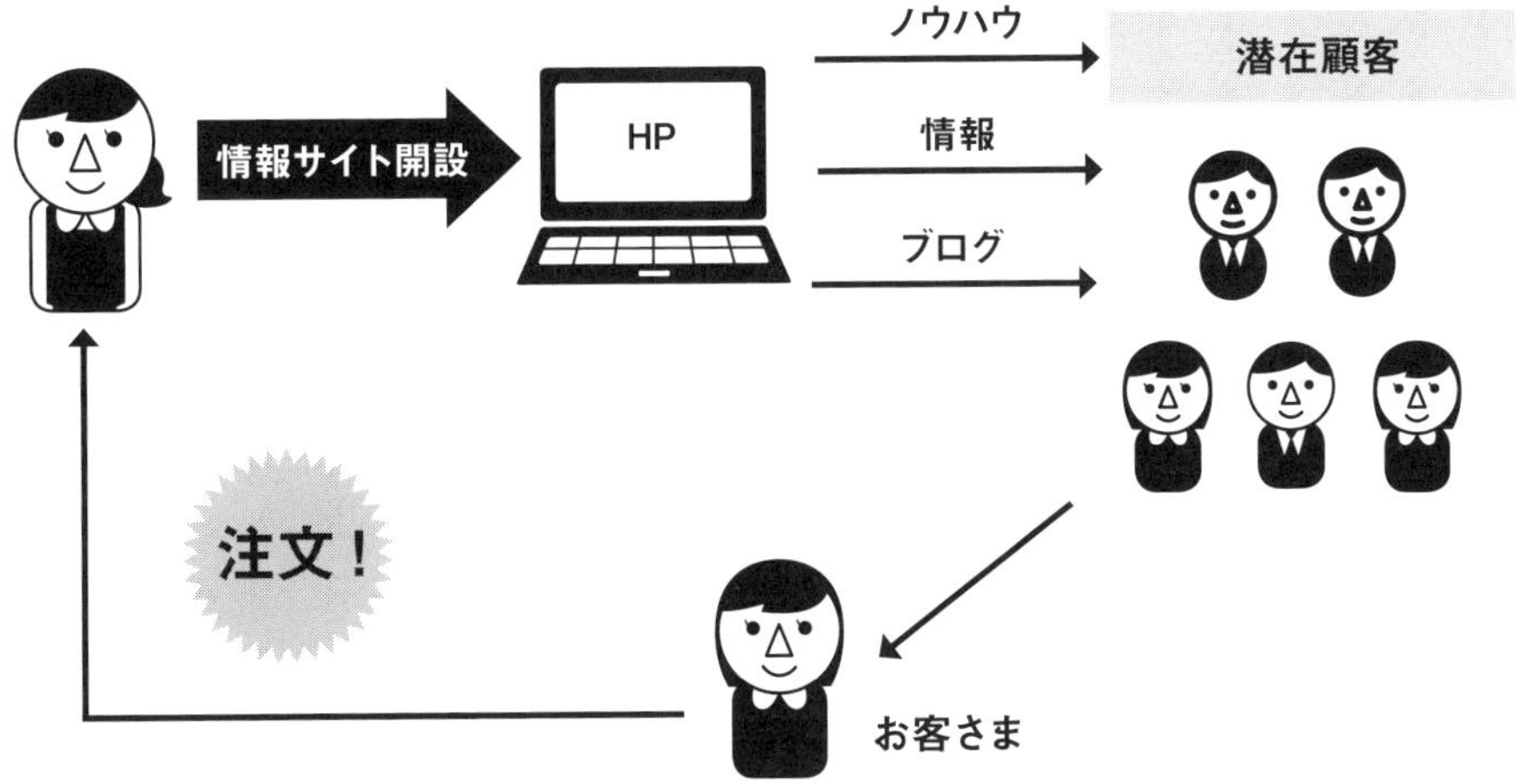

まずはあなたのサイトのファンになってもらえるよう意識します。信頼できる事業者だとわかってもらえる情報や雰囲気、言葉遣いが大切。その上で提供する情報やノウハウの有用性が高く、継続して更新されることが重要です。また「オシの強い営業」を感じさせるのは望ましくありませんが、サイトを見た人が気軽に申し込みができるような仕組みは整えておく必要があります。サービスの利用方法、料金、申込み方などの情報を掲載しておきましょう。

情報を提供する上で気をつけたいのが、その範囲です。お金の源泉となるノウハウが盗まれてしまっては問題です。また事例など、不特定多数に閲覧されることを望まないものもあります。そうした情報を限定的に提供したいのなら「会員制」および「課金システム」にするとよいでしょう。それでもコピーなどは免れませんが、少なくとも個人情報を登録することで一定の抑止力にはなります。また会員制にすることでメルマガなどのプッシュによる情報提供も可能になります。

先輩に学ぶ起業ストーリー

M&A仲介サイトで顧客のニーズ醸成

ビジネス・ブローカレージ・ジャパン

ビジネス・ブローカレージ・ジャパン
清水美帆さん

業種
専門サービス

設立
2006年11月

開業資金
300万円

一般に売買額10億円以上の大規模M&Aは証券会社や銀行、1～10億円の小中規模M&Aは独立系M&A専門会社や会計士が仲介することが多い。しかし当時、日本では1億円以下の売買まで扱う小規模M&A市場はほとんどないといってよかった。そこで清水美帆さんは、小規模のM&Aを扱うM&A仲介・コンサルティングビジネスに着目し、２００６年11月、29歳で株式会社ビジネス・ブローカレージ・ジャパンを設立した。

中小企業が9割以上を占める日本では、M&Aも売買価額が小規模な案件が数として圧倒的に多いと考えられる。一方で、通常M&A仲介会社の報酬は、売買価額に対して2～5%の手数料が相当するため、売買価額が高い案件が好まれる。このギャップに着目し、同社では小規模M&Aでも対応できるよう、取引価格が1億円以下の売買の場合、最低報酬額を１５０～５００万円に設定（売買取引金額に応じる）した。大手のM&A仲介会社や銀行がM&A案件を仲介する場合、仲介手数料は最低でも２０００万円からであることから、小規模事業者にとってM&Aがより身近な存在になったわけだ。

企業情報

- 株式会社ビジネス・ブローカレージ・ジャパン
- 東京都港区浜松町 1-23-9 セゾンビル浜松町 3F
- 03-6435-6401
- http://www.bbj-inc.com

Ｍ&Ａを仲介するウェブサイト「店舗M&A.com」をオープン

小規模Ｍ＆Ａ市場はまだまだ認知されておらず、銀行にも相談されない案件は山ほどある。そこで小規模Ｍ＆Ａのニーズを掘り起こすため、清水さんが２００８年1月より開設したのが、店舗事業のＭ＆Ａに特化した「店舗M&A.com」だ。小規模Ｍ＆Ａの説明やメリットを紹介するコンテンツはもちろん、売りたい人と買いたい人に小規模Ｍ＆Ａについての情報を提供。興味を持った人には申し込んでもらい、仲介業務を提供、成功報酬を得るビジネスモデルである。

現在、日本では毎年29万社が廃業し、うち7万社が「後継者不在」という理由であり、失われる雇用は年間20〜35万人に相当する。「後継者不在で廃業する企業の中には、固定客がいて、財務内容も安定している優良企業は多くあります。それらの廃業は、日本にとって大きな経済損失だと思います」と清水さん。現在は、ビジネス・ブローカレージ・ジャパンにおいて小規模Ｍ＆Ａからクロスボーダー Ｍ＆Ａ（国際間取引）に至るまで大中小様々なＭ＆Ａ案件の仲介をする一方で、業界団体である一般財団法人日本Ｍ＆Ａアドバイザー協会を設立。Ｍ＆Ａアドバイザーの育成や、全国でＭ＆Ａに関するセミナーや講座を開催するなど、友好的Ｍ＆Ａをより多くの人に伝えるため、さらなる情熱を燃やしている。

売りたい人と買いたい人が集まる
「店舗M&A.com」http://tenpo-ma.com
※現在はパートナー企業のアルテパートナーズ株式会社が運営

column

なりたい起業家のように振るまう

あなたは、どんな起業家に憧れますか？ 私たちは「自分が思っているような人間になる」という傾向を持っております。「自分はお金持ちになる」と誓う人しかお金持ちにはなりませんし、「お金よりも自由な時間と場所を手に入れたい」と願う人はそのような生活を手にします。

自分がどのような人間になりたいかを、〝自分で決める〟ことが大切です。

イメージが決まったら、マネしよう

なりたい人物像が決まったら、その人の外見やイメージをマネしてみましょう。誤解を招きそうですが、マネることとは自分を変える効果があります。内面よりも外見のほうが変えやすく、周囲に与える印象が変わり、自分の扱われ方まで変化するからです。

具体的には、憧れる起業家が身に付けると〝想像できる〟ものをひとつ購入して身に付けてみます。常に目にするものだと「あなたのマインド（心掛け）」まで変化が起こります。たとえば、手帳、バッグ、最新モバイル機器、財布など。高価なものでなくても、「形」や「大きさ」「色彩」が似ているものが効果的です。

起業家っぽく振るまおう

次は立ち振るまいのマネです。憧れの人を意識して行動すると、自分の意識も変わり、振るまいも変わってきます。たとえば「意見を求められたとき、○○さんなら笑顔で答えるだろう」。こんな風にイメージしておきます。

マネをするなんて、と思うことなかれ。私がお会いした成功した起業家さんも「形からはいった方」、けっこう多かったのです。そのうち自然に「自分が望んだイメージ」になっていきますよ！

第 5 章

小さいことが強みになったすごいアイデア！

17

いい立地は高いし狭い。場所選びに、何かコツはありますか？

A ビジネスの目的に合わせた「いい立地」を探しましょう。

「いい立地」は人が多い場所と限らない

「いい立地」というと「人が多い場所」と思いがちですが、実はそうとは限りません。人が多い場所は誰もが開業したいと考えるもの。ですから、競争が激しく、厳しい環境であることも多いんです。一方、人が少ない場所でも、競合がいなくて、事業の規模や内容とマッチした場所であれば「いい立地」といえるのではないでしょうか。

たとえば、主婦をお客様とする事業なら商業地区やオフィス街よりも、閑静な住宅街の方がいいかもしれません。インターネットで集客するビジネスモデルなら、表から看板が見えなくてもいいでしょうし、一見さんよりもリピーターが多いニッチな商品を集めた専門店なら、2階以上でも十分集客が見込めるのではないでしょうか。

つまり、あなたにとって「いい立地」を見定めるためには、起業しようという事業のお客さんのことをじっくり観察することが大切です。その人たちが行く場所、お金を使う時間にいる場所などを考えてみましょう（図5－01）。

❶ 土地勘があるところを探そう

❷ 競合がいなくて、事業の規模や内容とマッチした場所を探そう

❸ 大家さんとも交渉してみよう

時間別、曜日別などで街を眺めてみよう

「いい立地」を探すには、やはり土地勘があるところがベスト。どんな人がいて、どんな活動を行っているかが想像しやすく、地場の不動産屋さんにも通いやすいため、いい情報を優先的に得やすいからです。ただし、通勤先なら夜、自宅なら昼といったように、自分がいる時間帯以外の街の姿は案外見えていないもの。また、平日と休日とで人々の活動が大きく変わる街もあります。あえて普段は出歩かない時間帯に街を歩くなどして、様子を観察してみるとよいでしょう。

ニッチな立地は大家さんへの交渉でもっとお得に

同じ立地でもより割安であれば「いい立地」といえるでしょう。しかし一般的に賃料は相場で決まっています。ですから、割安の物件を見つけるのは運次第。不動産屋さんと仲良くなって優先的に知らせてもらいましょう。さらに大家さんへの交渉も大切。上手くいけば賃料や改装費の一部などを融通してもらえるかもしれません。事業で使用する場合も、割安な個人契約にしてもらえることもあります。ぜひ、頑張って交渉してみてください。

先輩に学ぶ起業ストーリー

ネイルサロン「ディーネ」

あえて住居用物件を借りて、近隣住民の顧客をゲット！

「ネイルサロン
ディーネ」
柳原京子さん

業種
サービス

創業
2001年9月

開業資金
60万円

「『なぜ、住宅街でネイルサロンを開くの？ 他の地域で開いたほうが良いよ』と不動産屋さんに驚かれました」と話す柳原京子さん。ネイルサロン開業にあたっては、自宅から通える範囲、さらにマンションの1室という条件で物件を探した。まずは人気地区の恵比寿を検討するものの、同業が密集する激戦区で断念。次に土地勘のある白金高輪を歩いてみると、住宅が密集する割にネイルサロンがないことに気づく。

「ネイルサロンという雰囲気の場所ではないけれど、女性は多くいるからお客さまは来るのではないか」と思った柳原さんは直後に物件探しを開始。わずか1カ月後にお気に入りの物件を見つけ、トントン拍子で2001年9月に開店した。

賃貸の初期費用は、敷金・礼金を合わせて約50万円。通常、店舗物件を借りる場合は多額の保証金が必要だが、大家さんが「女性客しか来ないサロンなら」と住居用の賃貸料で貸すことを承諾してくれた。他の備品もリサイクル品を利用したり、手作りしたり工夫して費用を抑え、開業費を低く抑えることができた。

店舗情報

- ネイルサロン　ディーネ
- 東京都港区白金 1-11-1 シンシア白金山北ホームズ 104
- 03-3280-5007
- http://www.n-dine.com

普段着でも、子連れでも行けるカジュアルさが魅力

柳原さんのサロン「ディーネ」は、住宅街のマンションの1室という条件を活かし、完全予約制の1名ずつの貸し切りとなっている。1階だが外からは室内が見えず、他のお客さんに会うこともなく、「化粧しなくても行ける」「小さな子ども連れでもいい」という気軽さが魅力。さらに「2人以上同時に施術するサロンだと、話が隣の人に聞こえてしまうのでリラックスして話せない」という人もいる。他に誰もいなければ悩みや愚痴も言いやすい。柳原さんの人柄、接客の心地よさもあって、気兼ねなく通える温かなサロンとなっていることが伺える。

ディーネは開業から13年が経ち、設備の充実とともに多くの顧客を獲得することができた。そのほとんどがサロンの周辺に住む30〜50代の主婦やワーキングウーマン。完全予約制でひとりずつの施術となり、曜日によってバラツキがあるが、休日にはいっぱいになってしまうことも多い。しかし「一人サロンだからといって、〝頑張り過ぎない〟ことが大切だと思います」と柳原さん。事業に合った場所、自分に合ったペースで続けることがサロン経営を長く維持する秘訣といえるだろう。

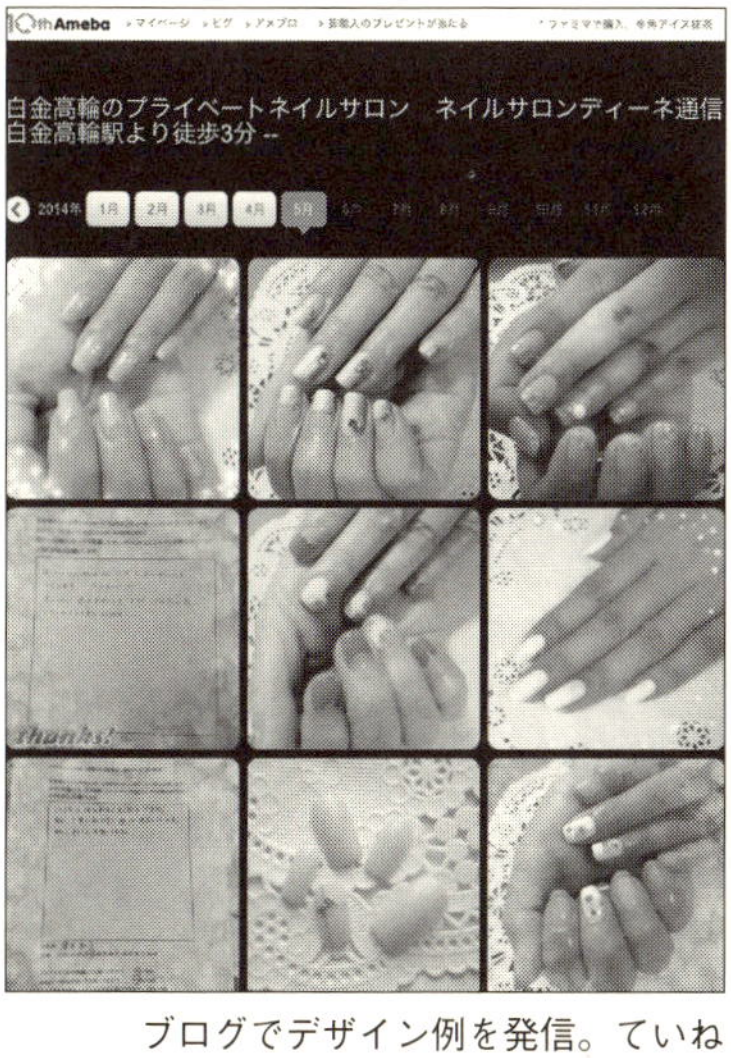

ブログでデザイン例を発信。ていねいな施術でお客様の信頼を得る

18

資金が足りなくて十分な量を仕入れられそうもありません…。

A 価値ある1点ものを付加価値にしてみて!

お店を立ち上げたいけれど、経費がかかって仕入れに必要なお金が確保できそうにない……。そんな声も時々聞かれます。仕入れに必要なお金というと商品の仕入れ代だけと思いがちですが、買い付けに行った際の宿泊費や交通費、宅急便で送った運送費などが必要になります。実は「資金が足りない!」となりがちな人はその見積ができていないことも少なくないのです。

在庫をもたない経営は、小さなお店にとってリスクが少ない

仕入れのための潤沢な資金が確保できそうにないような場合、どうしたらよいのでしょう。確かにたくさん仕入れる方が安価に仕入れられますし、その方が利益率が上がります。でも、大きなお店でない限り、そんなに大量に買い付ける必要が本当にあるのでしょうか。むしろ在庫を持たない経営の方が、小さなお店にとってはリスクも少ないはずです。

仕入れ費を抑え、在庫を持たずにより高い利益を生み出す方法の1つに、プレミア品やレア物といった希少価値の高いものを取り扱うという考え方があります。手作り品やアンティーク、古着やデッドストックなどといった1点もの、日本にはなかなか入らない外国の製品などは、他店にない個性的な商品を取り扱っていることとなり、大きな強みとなるのです。

5-02 輸入トラブルを回避しよう

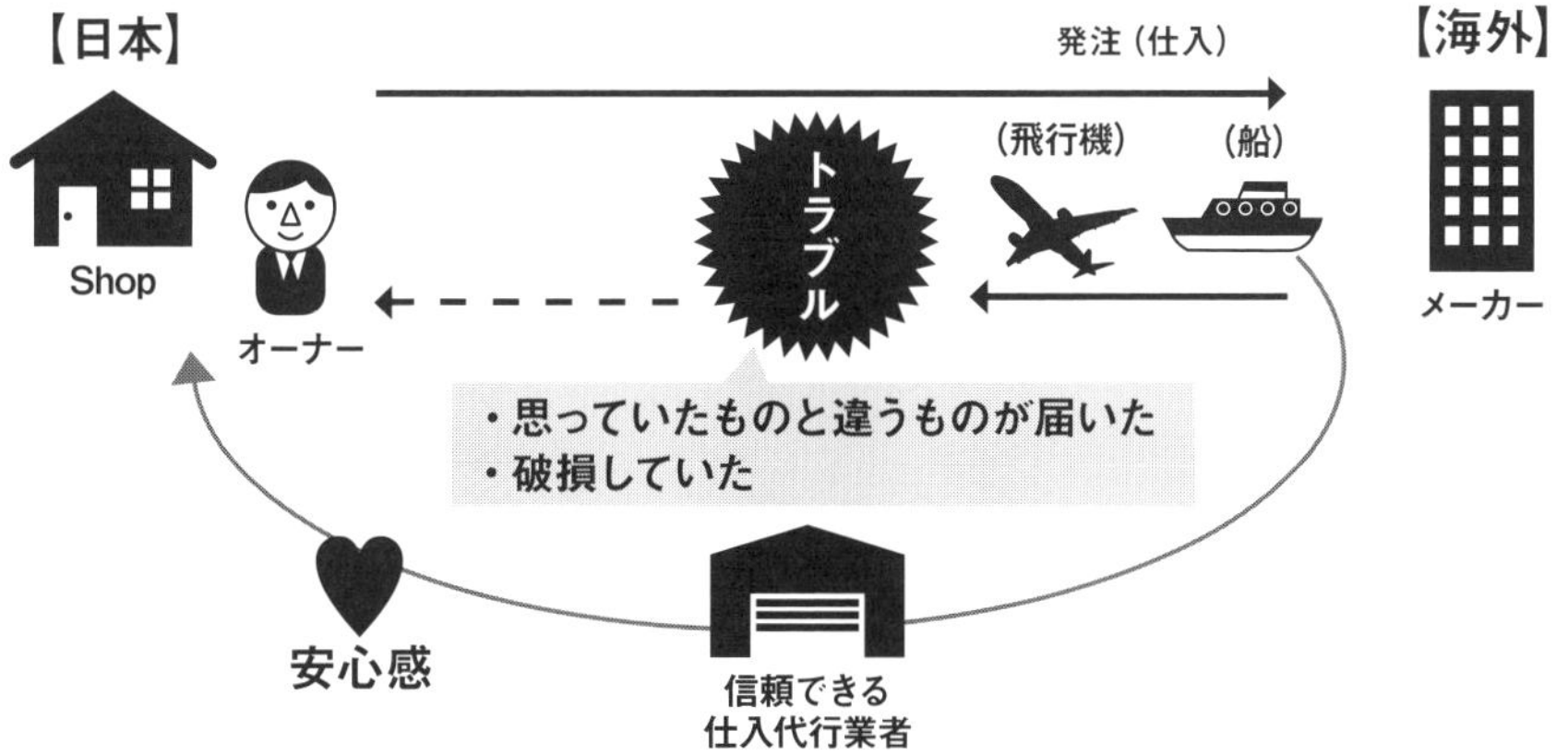

海外からの輸入にかかる経費と注意点について

雑貨店などでは、オーナー個人の目利き力で海外から買いつけできるかが、お店の魅力アップのカギを握っています。しかし年に数回とはいえ、渡航費や宿泊費には結構お金がかかります。すでに仕入れ先が確定していても、輸入する場合には次のような費用がかかります。

- **商品の仕入れ費用**
- **輸送費（日本までの輸送＋日本国内での運搬）**
- **関税、輸入通関における費用　など**

そこで現地に行かずに、仕入先に任せて発送してもらうというケースも少なくないのですが、これが結構なトラブルの原因となっています。「思っていたものと違うものが届いた」「梱包が雑で壊れていた」、それが開店間近なら目も当てられません。多少コストがかかっても、信頼できる輸入業者に依頼するか、足を運ぶかするほうが、結果的には安心といえるようです（**図5－02**）。なお、はじめての取引の際にはたとえ安くても大量購入はせずに、まずは小量を購入してみて信頼できる会社かを見定めましょう。

先輩に学ぶ起業ストーリー

ドイツから1点モノの雑貨を輸入するお店

MÄRKTE（マルクト）

マルクト
塚本太朗さん

業種
販売

創業
1997年

会社設立
2002年

深緑色のドアを開けると、ヨーロッパで買い付けたカラフルでユニークな雑貨が並び、部屋の片隅には机とパソコンが並ぶ。

小伝馬町でデザイン事務所「RIDDLE DESIGN BANK」を経営する塚本太朗さんは、雑貨屋「MÄRKTE」のオーナーでもある。もともとインテリアショップ「コンランショップ」で働き、雑貨が大好きだったことから、休日を利用して友人とデザインチームを立ち上げ、自らモノづくりに取り組むように。コンセントを使った携帯ストラップ「プラグストラップ」は、ロングセラーのヒット作となった。

デザイン業に集中するためコンランショップを退職。2002年4月に自己資金300万円で有限会社を設立し、デザインチーム時代から使っていた部屋の半分にドイツから買い付けた雑貨を並べて雑貨屋としても営業を開始した。翌年6月、塚本さんがヨーロッパで見つけたカラフルな雑貨の写真を集めた本『MÄRKTE／1点モノの雑貨店、開店します。』を出版。そのセンスの良さが話題となって雑誌などにも取り上げられるようになった。

店舗情報

- MÄRKTE ―マルク ト―
- 東京都千代田区東神田 1-2-11-305
- 03-5926-5511
- http://0910.biz

他のお店に売っていないモノを置き、蚤の市のような店に

MÄRKTE（マルクト）とは、ドイツ語で「マーケット」という意味。塚本さんのこだわりは、「他店で売っていないもの」を置くこと。他の店で見かけたことがあるような商品は、仕入れないそうだ。

「ヨーロッパ現地の空気感をそのまま感じられる蚤の市のような場所にしたい。いろいろな雑貨を集めて、MÄRKTEに来たときには新しい発見があり、楽しませることができる空間にしたいと思っています。そのためには、自分の目で見て歩くことを心がけています」

起業当初は駒込で立ち上げたMÄRKTEは2007年6月に小伝馬町へと移り、現在に至る。雑貨のお店としては渋谷や原宿などがメジャーであり、いずれの地域も輸入雑貨店は少ない。しかし、それはあえての選択だという。「メジャーな場所にあると、どこかに遊びに来たついでに、商品にあまり興味がない人達も来店するでしょう。お客さんが『行ったことがないけれど、わざわざ行ってみよう』という衝動に駆られるような場所に出店したいと思ったのです」

「雑貨が楽しいと思う延長線上に、頭の中でデザインの世界が広がる」という塚本さん。これからもデザイン業と雑貨店を両立し、魅力的な雑貨を集めたイベントなども多く手掛けていきたいそうだ。

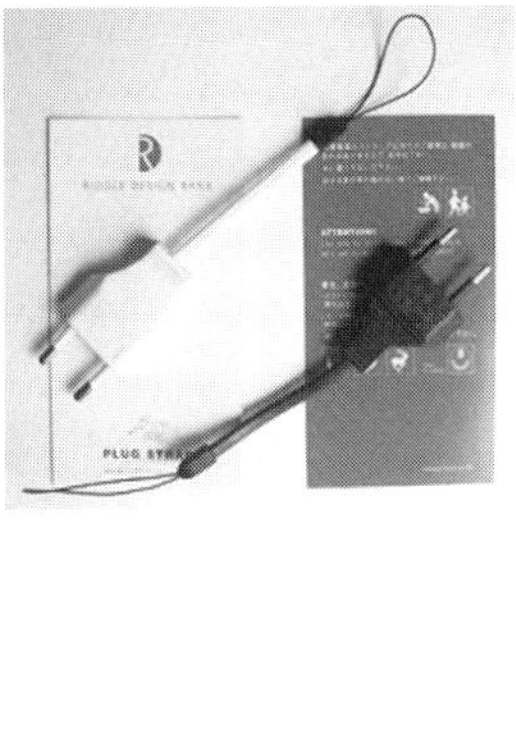

コンセントを使った携帯ストラップ
『プラグストラップ』。

自宅で起業したいんですけど、何ができますか？

A 「おもてなし」を付加価値にしたショップを考えてみて

自宅での起業は個人商店の多くがそうですし、さほど珍しいことではありません。教室や美容・医療系のサロン、士業や株式会社の事務所、アパート経営もその1つといえるでしょう。

さまざまな事業が考えられますが、あえて「自宅」の価値をあげるなら「アットホームな温かさ」といえるでしょう。友人知人の自宅に招かれたようなホッとする感覚は、大規模ビルや商業施設、チェーン店では得られないものです。この「おもてなし」という強みを活かした起業を考えてみてはいかがでしょうか。

また起業する側にもメリットはたくさんあります。経済的には事業用の家賃や移動費が最少で済むこと（**図5−03**）、地の利があり友人知人のバックアップを得やすいこと、家事や子育てなどとの「ワークライフバランス」が取りやすいというのもあります。人と人とのつながりを大切にしながら、プライベートとのバランスを考えて仕事をしたい人に、自宅起業はおすすめの起業方法といえるでしょう。

自宅の改築、建て直し時が起業のチャンス

自宅起業では改築・建て替えを行う人も多いようです。その際、生活スペースと仕事場をどのよ

5-03 自宅起業のメリット：店舗賃料を削減できる

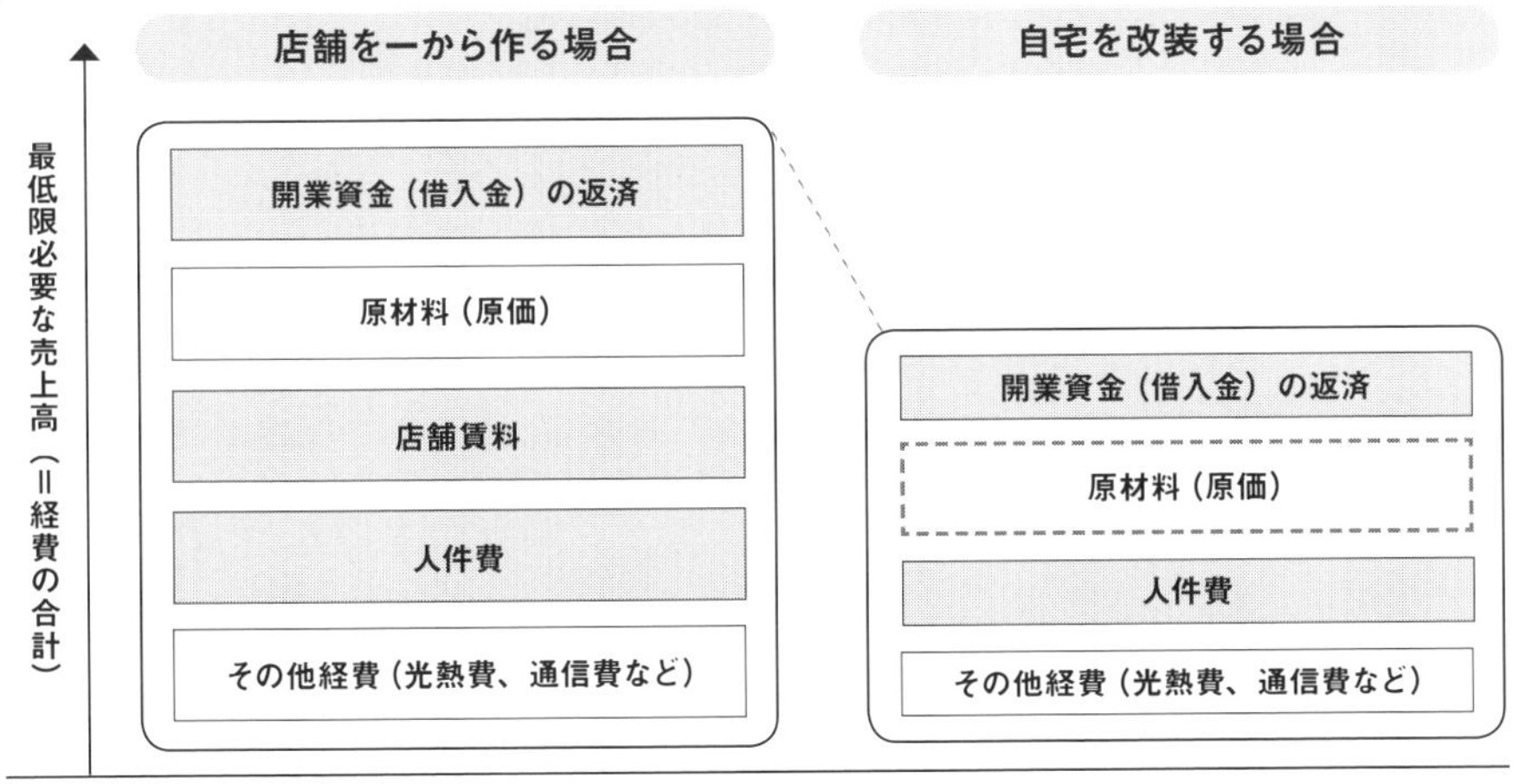

うに分けるか、考える必要があります。たとえばスペースを共有にすればコストは浮きますが、家族の協力のもと清潔に保つ必要があるなど、煩わしさは否めません。何をどう優先して重視するのかを明らかにし、家族と話し合っておくことが大切です。なお、自宅の改築・建て直しは起業のチャンス！ 公私の工事を一気に行うことができるため、コストを抑えることができます。

経費として計上する際の注意点

自宅が賃貸物件ならば、賃料の何割かを経費として計上することができます。また、自身が保有する不動産でもローンの支払い利息分の一部が経費として認められます。しかし、すでに支払い済みの不動産の固定資産税や家屋の減価償却費などまで含めようとすると複雑になるため、専門家への依頼が必要となるでしょう。水道や電気代などについては、相当する割合分を毎月の必要経費として計上することができます。

先輩に学ぶ起業ストーリー

知人宅に招かれたような「おもてなし」で人気店に

手打そば切　篠山

「手打そば切 篠山」店主
篠山 平さん

業種
飲食店

創業
2002年8月

起業年齢
55歳

「自分の作ったもので、お客さんが笑顔になるなんて、最高だよね。笑顔を見ていると、何ともいえない気分になって、涙が出る時もあります」とうれしそうに話す篠山平さん。経営していた雑貨店を54歳で閉め、１年間の悠々自適の生活を経て、２００２年８月に千葉県松戸市の自宅で「手打そば切　篠山」を開店。いまや地元では知らぬ人のいない人気店になった。

座布団でくつろげるお座敷スタイル。つなぎをほとんど使わない細麺のそばが自慢で、ランチには小鉢やサラダなどもつく。夜は単品メニューに加え、コース料理も手がけ、25人以上の宴会が開かれることもしばしば。人気の秘密は味やメニューの多彩さ、リーズナブルな価格設定もさることながら、自宅開放型店舗の「知人宅へのお呼ばれ感」にある。

もともとは趣味ではじめた「そば打ち」が友人の間で評判となり、「いくらでもいいから、お金を取ったら」という声が多くあがり、そば屋を始めることを決意したのだそう。店舗には二世帯住宅の１階をそのまま使い、２ＤＫのふすまを外した部屋に４人用テーブルが８つ。このテーブルを含め、看板、ポス

店舗情報

- 手打そば切　篠山
- 千葉県松戸市中根長津町 51
- 047-703-3118

トなどは自分の家に帰ってきたような雰囲気を意図して、あえて趣味の日曜大工の手作りですました。

和室には手作りの障子をはめ、ガレージに床を貼って厨房に変身させ、そばの打ち場は店の外の見える位置へと設置した。費用は500万円と、飲食業の開店資金としてはかなり抑えめでスタートした。

自宅起業だからこそできた、満足できる生活

開店後1年目は、そばを打つ夢で何度も目が覚めたそう。夜中に「こうやって切ればいいのか」と飛び起きて厨房へ向かい、そして朝まで作業。ここまで柔軟に対応できたのも自宅起業ならでは。今でも朝6時から仕込みを始め、11時30分に開店し、それから15時まで調理が続く。その後、17時30分に再度店を開け、19時30分に閉店をむかえる。

閉店後も山のような仕事が待つ。月曜、火曜が店の定休日で、うち1日は仕入れ。「労働時間は長いけど、サラリーマンの給料ほどにはなりませんね」というが、それでも365日休みで悠々自適だった時期に比べ、今のほうが断然楽しいと笑う。「以前飽きてしまったゴルフにも、また行くようになりました。たまにある休日に行くから、ゴルフもすごく楽しいですね」。

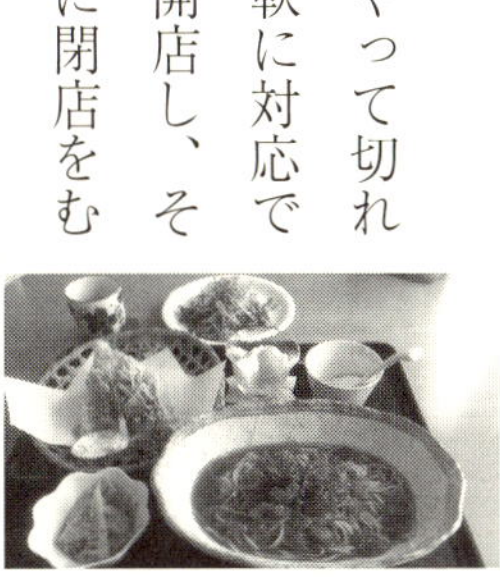
自宅でくつろげる雰囲気で手打ちそばを味わう。
夏には人気のトマトそばが登場する

20

ひとり起業だとできる範囲が狭く、事業が広がらないのでは？

A 事業を広げずに特化すると、クチコミで受注が続きます。

1日24時間で、ひとりでできることは限られます。事業を広げることはできるかもしれませんが、ノウハウ、経験ともに広く浅くになりがちです。事業は広げないと利益が上がらないと思うかもしれませんが、小さな企業が「広げるビジネス」で大企業に勝てることはまずありません。それよりも事業を特化し、**その道のエキスパートとなるほうが強みを発揮できることが多いのです**。特にひとり起業家には、主業務だけでなく、営業活動に時間が取られるのは頭が痛いところ。しかし、専門性が高い部分に特化されていれば、お客さま自身が探してくれたり、クチコミで広めてくれたりします。営業せずともクチコミで受注が続くようになれば、安心して主業務に専念することができるでしょう。

自分のスキルや事業の「専門性の方向性や幅」を決める指標とは？

それでは、スキルや事業のどの範囲に特化するかについては、どのようにして決めたらよいのでしょうか。「自分自身で決めるもの」と考えるのが自然ですね。でも、半分は合っていますが、半分は間違いです。

自分の事業領域はお客様が決めてくれるものと考えるほうが、事業はうまくいくケースが多いよ

5-04 内製化のメリット・デメリット

メリット		デメリット
● 事業イメージを共有しやすい	VS	● 閑散期にも人件費がかかる
● 仕事の迅速さ、統一感がある		● 外との接触が少なくなる
● 仕事の量に合わせて、人材の割り振りができる		● 新しいアイデアに気づきにくくなる

うです。というのも、「自分が売りたいと思っているもの」が案外思い込みで、実際にまったく売れないといったことも少なくありません。多くの人はそれぞれの事情があり、価値観があり、好みがあります。自分自身が明確にユーザー側に寄りそっているという自信が、意外に過信だったりするのです。

それを払拭するためには、まずは自分の「こんなことがしたい」を横に置いて、お客さまの「〜〜して欲しい」に耳を傾けてリサーチしてみましょう。思わぬニーズがあるかもしれませんし、あなたが考えていたことと一致するかもしれません。それが、あなたが事業領域を決めるときのヒントになるでしょう。

内製化のメリット・デメリット

ひとりで事業をやっていると、どうしてもできない範囲が出てきます。人を雇うなどしてその範囲を内製化するか、外部に依頼するかの判断はとても難しいところ。内製化のメリット・デメリットを意識することが大切です。**図5−04**にある内製化のメリットとデメリットを参考に、アウトソーシングするかを検討するとよいでしょう。

先輩に学ぶ起業ストーリー

ケーキ屋、パン屋専門の内装設計・施工に特化

(有)リブラ・デザイン

「すべてのお客様と、自分自身が一緒に歩みながら仕事がしたい」と、従業員を雇わず、ひとりで店舗内装の設計・施工を行う中島武彦さん。その思いは19歳のときに入社したケーキ屋、パン屋などの内装と施工を手掛ける内装設計・施工会社での経験に基づいている。会社の社長と改装するケーキ店のオーナーが「この店がオープンしたときは、大変だったよね。その後頑張ったから、今はこんなに店も大きくなったね」と過去を振り返り、笑顔で話をしている姿が印象的だったという。

「そういう話は、ふたりの間に歴史がないとできませんよね。店を作るという歴史を一緒に歩んで、そんな風に話ができる関係って、いいなあ……と思ったのです。私はどんなに頑張っても、その社長の代わりにはなれないので、私自身が、そんな話ができる社長の立場になりたいなあと思いました」

お店のオーナーとふたりで苦労してお店を作ったあと、5～10年経って改装の依頼が来たときに、「オープンのときは、大変だったね」と言ってみたい。その思いを胸に、勤務10年目に会社を辞めて独立することになった。1997

リブラ・デザイン
中島武彦さん

業種
内装・施工

創業
1997年8月

会社設立
2004年春

企業情報

- 有限会社リブラ・デザイン
- 埼玉県戸田市
- 048-449-7910
- libra-d@cablenet.ne.jp

年8月、中島さんは独立して個人事業主として埼玉県戸田市の自宅でひとりで開業。以降、ひとり起業を貫いている。

中島さんが行う業務は「依頼主や業者との打ち合わせ」「図面描き」「現場の監理」の3つ。図面描きや見積書の作成などは自宅のパソコンで行い、現場の監理や打ち合わせには車で現地に向かう。現場やお客様先に行くことも多く、ひとりで行動することも多いので、事務所はなくても事足りるという。

「都内に事務所を構えることも考えましたが、事務所に固定費をかけるよりもその分をお客様に還元したほうがいいと思いました」

特化することが付加価値となり強みになる

有限会社リブラ・デザインが持つ、ほかにはない強み。その1つに「絶妙な什器のレイアウト」がある。お客様の目線を意識して商品を陳列できるよう気を配り、お客様にアドバイスすることもある。また、レイアウトの提案が付加価値であることを意識しているからこそ、価格交渉にも工夫している。用いる資材や技術のメリット・デメリットを根気強く丁寧に説明し、依頼主に納得した上で選んでもらう手順を踏む。「内装の詳細項目を挙げると、細かい選択が数多くあります。これをできる限り、丁寧に説明したいと思っています」。見積書などに出てこない、専門特化したからこそのノウハウや経験がお客様に信頼され、さらなるお客様を呼んでいるのだろう。

21

職人になりたいのですが、「食べていけない」と言われます。

A 一人ひとりにあった、オーダーメイドに活路があります！

近年、職人に憧れる若い世代が増えています。しかし、職人になりたいというと「それでは食べていけない」といわれることも少なくないようです。しかし、ニーズが多様化している今、**オーダーメイドでそこにしかない価値を提供する職人スタイル**のビジネスは、むしろチャンスといえるかもしれません。

大量生産でものがあふれる一方、私たちのニーズは多様化しています。世代やライフスタイルはもちろんのこと、その中でも細かく嗜好は異なり、一人ひとり好みや欲しいものが違っています。大量生産では、同じ商品を大量にできるだけ安価に作り、できるだけ多くの人に販売することを考えます。そのため画一化が進み、大きな資本を持つ企業による価格競争になっていたわけです。しかしながら、いまやバーゲンセールでもモノが売れ残る時代。価格を安くしても、欲しいものでなければ買わない、そんな傾向が明らかになりつつあります（**図5−05**）。

そんな中、お客さまの好みに合わせたオーダーメイドや微調整で他の人との差別化を図るオーダーメイドを提供できる職人スタイルのお店が人気を集めています。その意味で従来の職人とはまた異なる新しい職人ビジネスが誕生しているといってもよいでしょう。

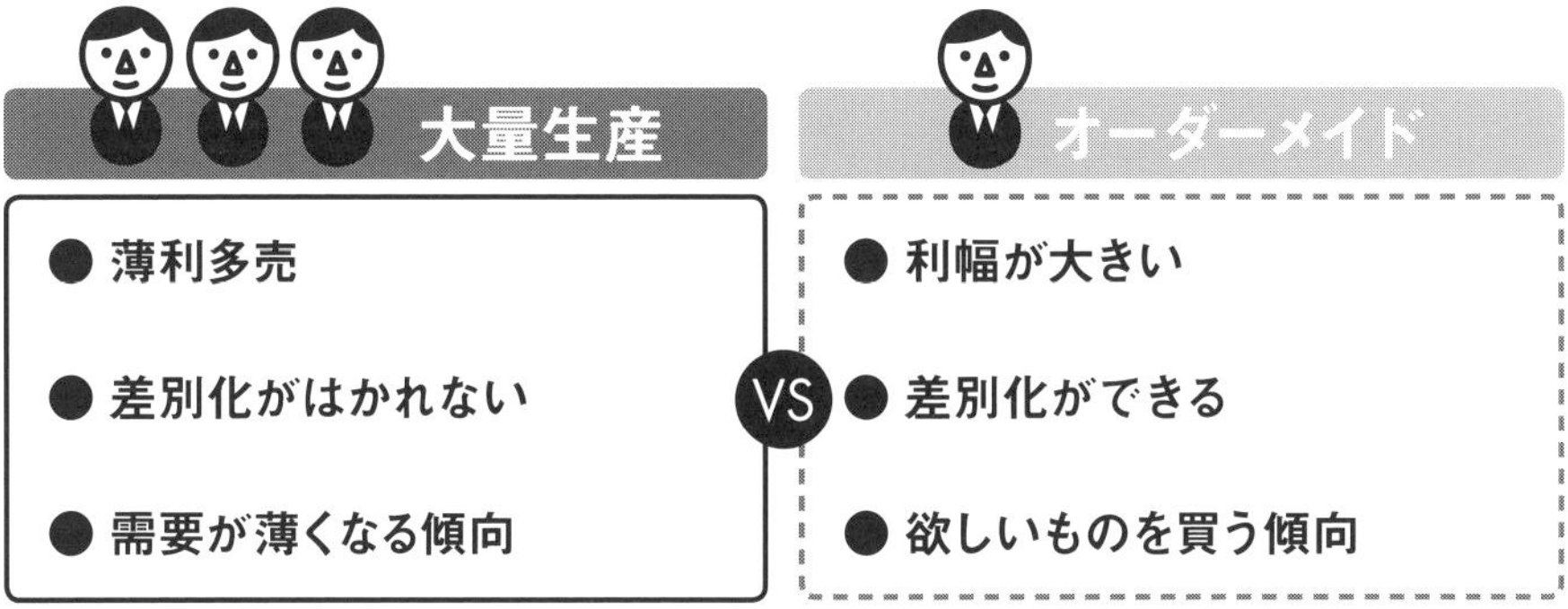
大量生産
● 薄利多売
● 差別化がはかれない
● 需要が薄くなる傾向
VS
オーダーメイド
● 利幅が大きい
● 差別化ができる
● 欲しいものを買う傾向

独自のセンスのほかに、コミュニケーション能力も

オーダーメイドによる価値を提供するためには、独自のセンスが必要になります。特に高いデザイン力はオーダーメイドには必須条件。ビジネスの効率性と独自の付加価値のバランスをコントロールすることが大切です。また、職人になるためには、お客さまの多彩な注文に対応できるよう、起業前にしっかり技術を学んでおく必要があります。

昔は義務教育を終えたら職人に弟子入りし、その背中を見ながら技術を身につけるのが普通でしたが、今はさまざまな経歴を持つ人も少なくありません。専門スクールや職業訓練校で学び、その後メーカーで働きながら修行するスタイルが一般的になってきました。

さらに、私のオススメは普通の会社での勤務経験です。カスタムメイドといえども「商品」ばかりが主体ではありません。その価値を伝え、気持ちよく注文してもらうために**接客スキルも非常に重要です**。特に相手の求めるものを上手に聞き出すコミュニケーション能力は欠かせません。黙って手仕事さえしていればいいというわけではないのです。

先輩に学ぶ起業ストーリー

夫婦二人三脚でオーダーメイド靴屋を起業

靴製造nakamura

靴製造
中村隆司さん

業種
製造・販売

創業
1998年

「靴の雰囲気と私たちは似ているみたいです。お客様が『丸っこい感じの夫婦』だとおっしゃっていました」と笑う靴職人の中村隆司さん。妻である民さんとふたりでオーダメイドの靴を手作りし、販売する店「Original Shoes and Sandals nakamura」を経営する。

コンセプトは「履きやすく、シンプルで丈夫、修理ができる靴」。店内で足のサイズを測り、好きなデザイン、革、カラーを選んでオーダーすると、夫婦が手作りしてくれる。隆司さんがデザインを考案し、それを元に民さんが型紙を描き、ミシンで靴の上部を作る。そこへ隆司さんが底を取り付けて完成。接客は民さんが担当する。穏やかで職人肌の隆司さんと、行動的でコミュニケーション上手な民さん。夫婦が織りなす、よいコンビネーションだ。

「うちが年間に作れる靴は１０００足くらい。日本の人口のうち、１年に１０００人くらいは、人と違うもの、私たちの作るものを好んでくれる方がいらっしゃって、うちの店までわざわざ靴を買いに来てくださっています。ありがたい限りです」（民さん）

店舗情報

- 靴製造 nakamura
- 東京都足立区江北 4-5-4-2F
- 03-3898-1581
- http://www.nakamurashoes.com

自分ととことん向き合ってたどり着いた靴職人の道

もともと隆司さんは大学の経済学部を卒業後に、服飾専門学校に進学したという異色の経歴の持ち主。その後、登山靴のメーカーに就職するものの、自分が作りたい靴のすべての工程に関わりたくなり、退社して靴作り職業訓練校に通うことにした。そこで民さんと出会い、隆司さんが30歳になった1998年にnakamuraの屋号で独立すると同時に結婚した。

いまや日本全国にファンを抱えるふたりの店も、2005年3月に東京・谷中に開店した当初は閑古鳥が鳴いたという。しかし、「以前から修理の仕事は多くこなしていたので、店の売上は当分ゼロでもいい、時間をかけてじっくりいこうと思っていました」と中村さんは焦らなかった。

その後、ライフスタイル誌の表紙に取り上げられたことをきっかけに来店者が増え、食べていける自信がついてきたという。「昔はよく『お前のような仕事は成り立たない』と言われましたが、おかげさまで家族が食べていけるようになったので、今ではそのような声はなくなりましたよ」

子どもの誕生を機に、2011年3月に谷中から自宅近くの足立区江北へと引っ越した。「これからも、今までと同じやり方で、より良いものを作りたい」との言葉通り、家族との時間を大切にしながら丁寧に靴作りを続けている。

厳選した国産牛革の風合いが美しい
シューズやサンダルはすべて男女兼用

Q22

準備に手間取り、なかなか起業できずに焦っています。

A 別の仕事をしながらチャンスを待つのも手です。

起業してバリバリ働き、成功している人の話を聞くと、起業したいと思っていながら実現できずにいる人は焦らずにはいられませんよね。お気持ち、とてもよくわかります。でも、それで今の仕事に身が入らなくなるのは考えものです。

仕事をしながら成功する起業を目指す

仕事を持ちながらでも、いえ仕事を持っているからこそ、起業の準備を整えていくことができるんです。まず安定的な収入が確保できているメリットは大きいですよね。生活が安定していれば、精神的にもゆとりを持って無理せず準備にあたれますし、起業資金もしっかり貯めることができます。自己資金をしっかり貯めて起業すると、実際に起業してからも経費を抑える観念がはたらくので、地に足の着いた事業になることが多いです。

そもそも起業の目的は「起業すること」ではなく、誰かの役に立つことです。そう考えれば、じっくり時間をかけて準備できているとポジティブに捉えることができるのではないでしょうか。

組織で学ぶものは意外とあとで役に立つ

起業したいという人の中には、「起業したい事業とまったく関係がないのでつまらない」という

5-06　組織で学べるスキルは起業する際の力となる

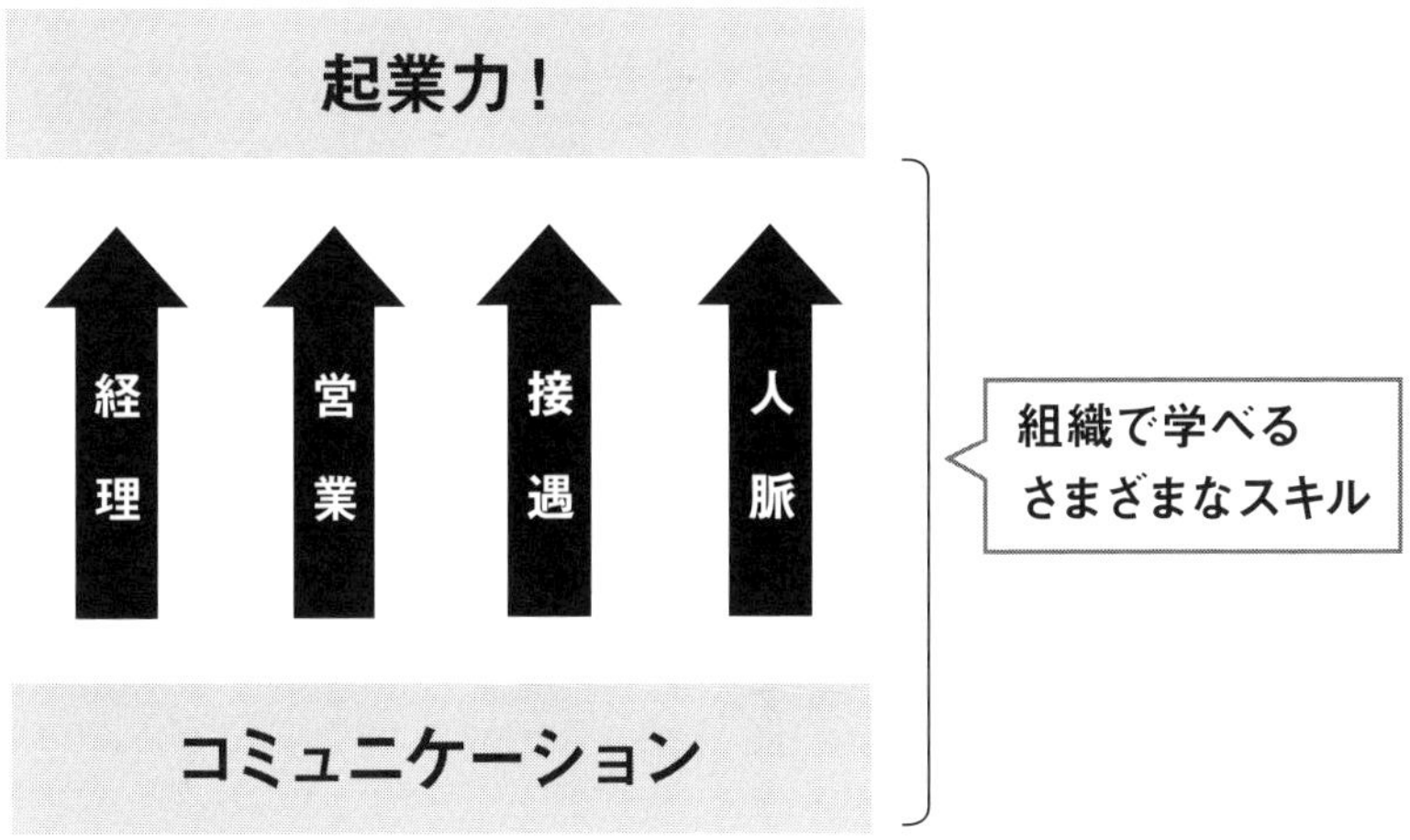

人もいます。でも、ほとんどの起業経験者が「経験して無駄になることは1つもない」といっています。経理や営業などの職能スキルはもちろん、同僚や顧客とのコミュニケーション、接遇などの基礎的なビジネススキルもあげられるでしょう。そこで培ったスキルが強みになることもあれば、起業する際に力になってくれたり、お客さんになってくれたりというように人脈が役に立つこともあります。今の職場から何を得るか、それはあなた次第といえそうです（図5－06）。

機を逃してしまわないよう、期日を設けて

仕事をしながらの起業準備することのデメリットとして、なんとなく惰性で続けてしまい、起業機会を逃しやすいということがあげられます。資金など計画を立てて期日を設けて準備し、「いい波」が来たときに躊躇なく乗れる状態に心の状態を整えておくことが大切です。目標を紙に書いておく、休日にその業界で働いてみるなど、あなたなりのモチベーションを保つ方法を考えてみてください。

先輩に学ぶ起業ストーリー

10年間の自宅研究の末に成功した

(株)せたが屋

　下積み10年、第1号店をオープンするものの3カ月で閉店。いまやラーメン好きなら、知らない人はいないといわれる、「醤油魚介らーめん　せたが屋」で大成功し、「塩らーめん ひるがお」「ラーメンゼロ」「とんこつらーめん俺式」など人気店を次々と作り上げ、ニューヨーク、バンコクを含めて21店舗を経営する前島司さんの経歴だ。店を立ち上げるまでの10年間、さまざまな仕事を経験するが、どれも1年と続かなかった。「仕事をするなら、まだ誰もやっていないことに挑戦し、勝負しないと面白くない。過去のどの仕事にも満足できなかったというか、一生懸命になれませんでした」と当時を振り返る。

　そんな前島さんが、子どもの頃から興味関心を抱き続けていたのがラーメンだった。カギっ子で、インスタントラーメンを飽きずに食べるため、さまざまな工夫をした。そして20代後半に、あるラーメン屋に出会い、既成概念を吹き飛ばされるほどの印象を受ける。以降、前島さんは日本全国のラーメンを食べ歩き、さまざまな食材でスープを作るなど独学で研究をはじめた。昼間は別の仕事をしながら、自宅でラーメンを研究した下積みの日々は10年に及ぶ。

せたが屋
前島司さん

業種
飲食業

創業
2000年6月

企業情報

- 株式会社せたが屋
- 東京都世田谷区奥沢 5-26-3-301
- 03-5731-6511
- http://www.setaga-ya.com

リフォームの仕事で、ラーメン屋の開業資金を貯める

味に自信が持てるようになっても、前島さんはすぐにラーメン屋を開かなかった。ラーメン屋をはじめる資金を貯めるため、経験のある建築リフォーム業でまずは起業し、ラーメン屋の開業資金８００万円を貯めた。

夜や週末にラーメンを作るたびにつのる「早く店をはじめたい」という思い。しかし、飲食店は立地によって、勝負の仕方が違う。街中に出店するのか、幹線道路沿いにするか、出店場所に迷っていた。そんなある日、友人から環七沿いの物件の話が飛び込んでくる。東京中心部をぐるっと回る環状7号線、いわゆる〝環七〟は、人気ラーメン店が軒を連ねる激戦区。「ライバルが多い地域で開店したほうが目立つ。これがチャンスだ！」。そして、２０００年6月、37歳でラーメン激戦区・環七にラーメン屋「よさこい」を初出店した。

念願の開店。しかし味が安定せず、わずか3カ月で撤退する。友人に「これほどマズいなら、二度と来ない」といわれ、どん底まで落ち込むが、「こんなに簡単に、夢を諦めちゃいけない。もう一度、勝負してやろう」と気持ちをリセットし、再びスープ作りの試行錯誤をはじめた。そして閉店から4カ月、店名までガラリと一新し「醤油魚介らーめん　せたが屋」として再出発。苦難を乗り越え、今では、マスコミの取材も入る有名店となった。

夜は醤油魚介らーめん「せたが屋」、
昼は塩らーめん「ひるがお」

column

競合の店に行ってみよう

事業アイデアを思い付いたら、すぐにネットで競合店（憧れる店）を探し、実際に店舗へ行ってみましょう。

つけ麺屋を開きたいと思ったら、つけ麺を食べ歩きます。競合となるつけ麺屋に行って、メニューや味を研究すると同時に、座席の作り方と席数を調べてメモしておきましょう。

ポイントは、座席数を調べるのではなく、「実際に座れる座席数」を見ること。飲食店では特に、座席はあっても椅子が近すぎたり、バッグを置いて座っていない席がありますね。このような座らない椅子は省き、「実際に何人座れるか？」を調べます（混む時間に行って、観察するとわかります）。

自分が事業を起こした場合に売上が立つかを検討するために、その店が「いくら売り上げているのか？」を計算してみてください。売上合計を算出します。あくまでも「想像上の数字」ですが、イメージがつかめると思います。

まず「客単価」。周囲の人がどのメニューを頼んでいるか、トッピングの値段はいくらか？　などを見て、「お客さんひとりあたりが、今回の来店で購入したお金（＝客単価）」を計算します。次に、1時間に購入したお客さんの数を数え、すべて「想像する数字」で良いので入れてみましょう。

次の計算式に当てはめてみよう！

客単価（　　）円

×

客数（　　）人／日

×

営業日数（　　）日／月

＝

売上（　　）円／月

競合店の「月商（一カ月の売上）」はいくらぐらいだったでしょうか？

第6章

ピンチを乗り切った起死回生アイデア！

23

受注は順調だけど、ひとりではもうこなせません

A 同業者を紹介し続けると、業界の窓口になれますよ!

ライターやWEBデザイナー、イラストレーター、設計士、翻訳家など、ある分野における知識や技術力を活かして仕事をするプロフェッショナルに「フリーランス」になる人が増えています。経験や腕を見込まれて仕事を依頼されるわけですが、人気が高まるほど仕事が増え、手が回らなくなる場合や時期もあるでしょう。それでも仕事が来なくなるのが怖くて断れず、結局は無理をして品質を落としたり、体を壊したりすることもあるようです。とはいえ、無下に仕事を断ってしまっては信頼を失いかねません。

業務を委託するコーディネーターになって、さらに仕事を増やす

そんな時には、受けた仕事を同業者に委託してはどうでしょうか。するとフリーランスでありながら、同業者をマネージメントする立場になります。この下請け先が増えると「コーディネーター」という役割を担うことになり、中にはマネジメントに才能を見出して、エージェントやプロダクションのような組織を作る人も少なくありません。そうなれば、仕事のスケールも大きくなり、チームとして仕事を受けることもできるようになるでしょう(図6−01)。

6-01 コーディネーターとなりチームとして仕事をうける

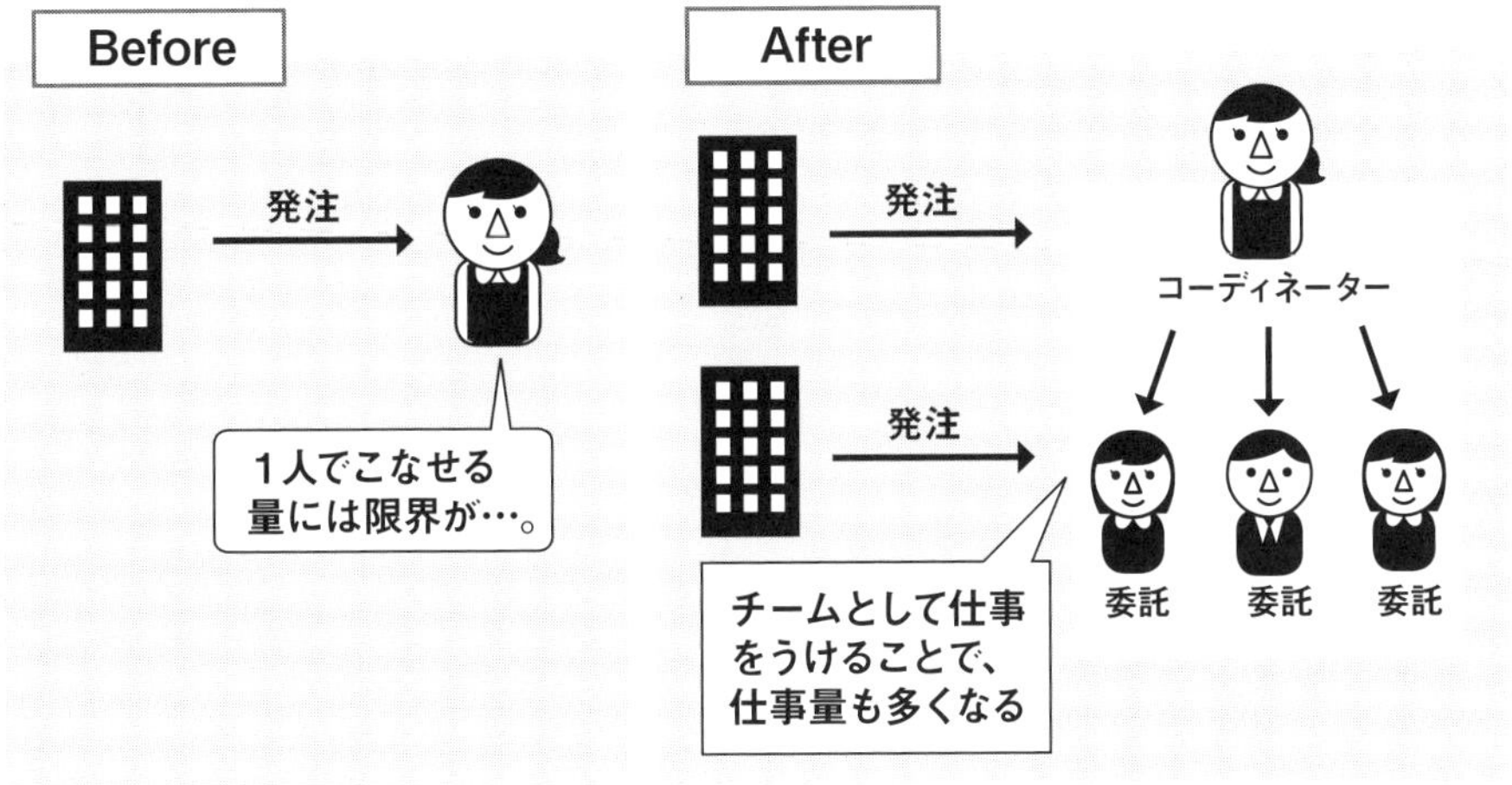

仕事の広がりとともに、柔軟に組織の大きさも広げて

チームで仕事をするために人を雇う方法もありますが、いきなり常駐でプロフェッショナルを雇うことは、それなりのコストが必要。しばらくは必要に応じて契約することがよいでしょう。

これまでも編集者やライターなどでは、プロジェクトごとにスタッフを集め、プロジェクトが終わるととチームも解消するといった方法がとられていました。WEBサイトの制作やシステム構築などでも、そうしたフリーランスのチーム編成は行われています。運営にはクライアントとの関係構築はもちろん、品質管理が欠かせません。そのまとめ役を引き受けることで、あなた自身の仕事の幅も広がるでしょう。雑務が増えてきたら人を雇ったり、外部サービスに依頼するのもよいでしょう。要はビジネスの大きさに合わせて少しずつ拡大していくことが大切です。

先輩に学ぶ起業ストーリー

翻訳者約５００名を擁する映像翻訳会社

(株)ワイズ・インフィニティ

映像翻訳
山下奈々子さん

業種
専門サービス

設立
2000年2月

創業メンバー
一人

「仕事は断ってはダメ」と語るのは、映像翻訳会社を運営する山下奈々子さん。

「最近はプライベートを楽しむために仕事を断る人も多くなっていますが、一度断ると、次につながるチャンスを逃してしまいます。やはり、『半年間は仕事を休みます』と〝断る人〟と、『いつでも仕事をします』と〝断らない人〟とであれば、後者に仕事が集まるのは自然なこと。お客様に頼りにされなければ、仕事は続きません。弊社で仕事を依頼し続けている翻訳者も、基本的に仕事を断らない人です」

そんな山下さんが映像翻訳の仕事をはじめたのは、20代半ば。３人の子どもの子育て中のことだった。１９８７年、自宅でビデオの字幕翻訳の仕事をスタートした。キッチンの一角にテーブルを置き、ビデオデッキで作品を確認しながら、翻訳をした。当時レンタルビデオが普及し、日本で未公開の作品の翻訳ニーズが高まっていた。繁忙期には二重三重に案件が重なったこともあった。家族旅行中も細切れの時間を使い、子どもが入院した際も「病室で、子どもの枕元に座って仕事をした」という。

企業情報

- 株式会社 ワイズ・インフィニティ
- 東京都港区赤坂 2-10-9 ラウンドクロス赤坂 2 階
- 03-5544-8510
- http://www.wiseinfinity.com

仕事の量に合わせて少しずつネットワークを広げていく

2000年2月、山下さんひとりで、映像翻訳を行う有限会社ワイズ・インフィニティを、自宅で設立した。書類の翻訳者、通訳者をコーディネートする会社は多くあったが、映像翻訳を中心に行う会社は少なく、映像翻訳というニッチな分野に特化した。

2003年1月には、山下さんひとりでは翻訳原稿のチェック、翻訳者のコーディネートにすら手が回らなくなり、社員を3名採用した。

そうして少しずつ組織を大きくし、いまや約500名もの翻訳者が登録する大ネットワークを作り上げた。現在も、仕事の多くはお客さまからの紹介だという。

翻訳者になって26年。「山下さんに頼めば、きっと誰かを紹介してくれるだろう。困ったときには、山下さんに電話してみよう」というお客さまの期待を裏切らないよう対応してきたことが、結果的に仕事を広げることになった。それは会社という形になっても変わらない。

オフィスではさまざまな言語の翻訳者が映像を見ながら作業できる環境が整っている

24

受託ばかりの仕事で……。刺激ある「何か」をつくってみたい

A 自分の強みや趣味を活かして事業オーナーになってみては？

他の人が実現したいものを作れるというのは、素晴らしいこと。でも、人の設計図ではなく自分が考えたものを自由に作りたいと思うことってありますよね。そんな人は、ぜひ自前のサービスや商品を開発し、事業オーナーとなってみてはいかがでしょうか。

たとえば、パン屋ならパン教室、設計士なら日曜大工リフォーム工房、ＷＥＢデザイナーなら仕事のマッチングサイトなど、いろんな可能性が考えられます。あなた自身の腕試しにもなりますし、お客様の声も直接聞けて勉強になるでしょう。何より好きなことを事業にすればやりがいも増します。さらに事業が上手くいけば、受託業務よりも収入が上がるかもしれません。もともと腕に自信があれば、受託事業を続けながら自前サービスを立ち上げることもできますし、経済的な不安は少ないでしょう。事業が安定するまでは両輪で運営していくことも可能です。

ただし、ひとりでできないサービスの場合は、その分コストは持ち出しになりますし、人を雇い入れてマネジメントする必要が生じるかもしれません。その可能性をあらかじめ念頭におきつつ、挑戦してみてはいかがでしょうか。

6-02 互いの専門分野を活かして、新しい価値を創る

❶ 異分野の専門家の視点で、モノ、サービスの特徴を作る

❷ 慣れないことに注力するより、長所を活かす

❸ 価値を提供する先の業界に溶け込む

❹ 利用者の声を聞き、勉強する

❺ 価値創出を専門分野のプロジェクトの一環として楽しむ

仲間といっしょに新しい価値を創る

同業者同士はライバルになりがちですが、お互いの専門分野を活かして新しいサービスを作ってみると面白いでしょう。「商店街」のように多種多様な強みを持ち合えば、ひとりよりもさまざまな価値が提供できます。ただし、知り合いだからと費用や仕事の仕方などの決め事をおろそかにすると、せっかく築いた関係が損ねられる可能性もありますので注意が必要です。

人材については、まずは棚卸しをしてみることをおすすめします。仲間は「似た者同士」で、好きなことや生き方が似ているはず。楽しくやれるのはいいのですが、苦手や弱点も似ている可能性があります。そこで、実現したいことに必要な要件を明確化すると同時に、仲間のスキルや技術など「リソース」を棚卸してみましょう。年齢が離れていたり、価値観が違っていたり、仲間たちと異なる人を加えるのがベター。摩擦もありますが、多彩な視点をチームに摂り込むことができます（図6－02）。

建築デザイナーが仲間と設計・施工・運営

クライミングジム　ライノ&バード

クライミングジム
「ライノ&バード」
藤枝隆介さん

業種
施設運営

設立
2008年2月

創業メンバー
2人

東京・西日暮里駅近くにあるクライミングジム「Rhino and Bird（ライノ&バード）」は、天井の高い倉庫の中でボルダリングができる独特の空間だ。ボルダリングとはロープなどの確保器を使わず岩壁を登るスポーツで日本でも広まりつつある。

ライノ&バードの設計、施工を手掛けたのは、建築デザイナーの藤枝隆介さん。隈研吾建築都市設計事務所で美術館など、大きな建物の設計や内装を手掛けた。一方、２００５年頃から趣味でボルダリングをはじめ、週に数回はクライミングジムに通うほど熱中するようになる。

その頃、建築事務所の一員となってして3年が過ぎていた。「小さな建築事務所の場合、大きな物件を手掛ける機会は少ない。ものを作る喜びは、大きな物件に携わっていた頃に比べて、スケールダウンしている感覚がありました。それならば、自分で作りたいものに一度じっくり取り組んでみれば、ものを作る喜びを再認識できるのではないかと思いはじめたのです」

そして、今一番自分が好きなものを作ってみようと思い、クライミングジム

店舗情報

- Rhino and Bird（ライノ&バード）
- 東京都荒川区西日暮里 2-56-3
- 03-6228-0135
- http://www.rhino-bird.com

を作ることを決意した。ジムの内装は藤枝さんと知り合いのクライマー達が設計。壁、電気配線、水道工事はほとんど藤枝さんと芸大の同級生のふたりで行い、途中から知り合いの大工さんや同級生に手伝ってもらった。内装材料は総額500万円強、自分で設計、施工し、仲間たちの力を借りたことで相場の約1/4に抑えることができた。

運営にもクライミング仲間が協力し、飽きさせない空間づくりに貢献

2008年2月、ライノ&バードをオープン。開店当初から藤枝さんとアルバイト数名で運営し、2008年夏には、日本のトップレベルクライマーもアルバイトに加わった。彼らのアドバイスのもと、年1~2回、ホールド（手足をかける人工岩）を付け替え、お客様が飽きない工夫がなされている。2014年1月には東陽町に2号店「フィッシュ&バード」をオープンした。

平日14時~23時、土日10時~21時まで営業し、お客様は自由に練習できる。多い場合は週5回、平均して週1~2回通う人が多い。初心者向け教室も行い、続々とファンが増えている。

岩登りをする様子を見て楽しめる構造に設計。登っている人達の様子を見ることが一番の勉強になる

25

認知度をアップするにはどうすればいいでしょうか？

A ネットショップ→展示会と少しずつ拡大しましょう。

作ったものを販売するためには、お店の存在を知ってもらう必要があります。起業直後は潤沢にお金をかけることは難しいでしょう。何か媒体に広告を載せたりしたけど効果がなかったと話す方も少なくありません。まずはお金のかからない方法から試してはいかがでしょうか。

おすすめしたいのがインターネットです。ネットショップを作るだけ、ネット広告を出すだけと考えがちですが、いまやブログやまとめサイト、FacebookやTwitterなどの**タッチポイント＝お客さまに知ってもらう機会**があります。それらを上手に連携させて、お客さまの導線を作るのがコツ。いきなり網羅するのは難しいかもしれませんが、手はじめにネットショップを立ち上げてみてはいかがでしょう。ネット検索にもしっかり掲載されるよう、**SEO、SEM対策をお忘れなく。**

同業他社が参加している展示会へ参加

インターネットがどんなに進んでも、まだまだ風合いや色合いなどを伝えるのは難しいもの。お客様に実際に手に取っていただける機会や場所を作ることも重要な活動の1つです。その際に、おすすめしたいのが「展示会への参加」です。展示会の情報などは業界紙などに掲載されています。こまめにチェックしてタイミングよくキャッチしましょう。中でも、自社の商品・サービスを買ってくれる相手（百貨店、店舗チェーン、個店など）が足を運びそうな展示会がベスト。類似カテゴリーの商品が多く売れ、競合他社が出店しているなどが目安です。出展料がかかりますが、販路を広げるチャンスです（図6−03）。

6-03 イベントへの出店は、小企業が販路を広げる大チャンス!!

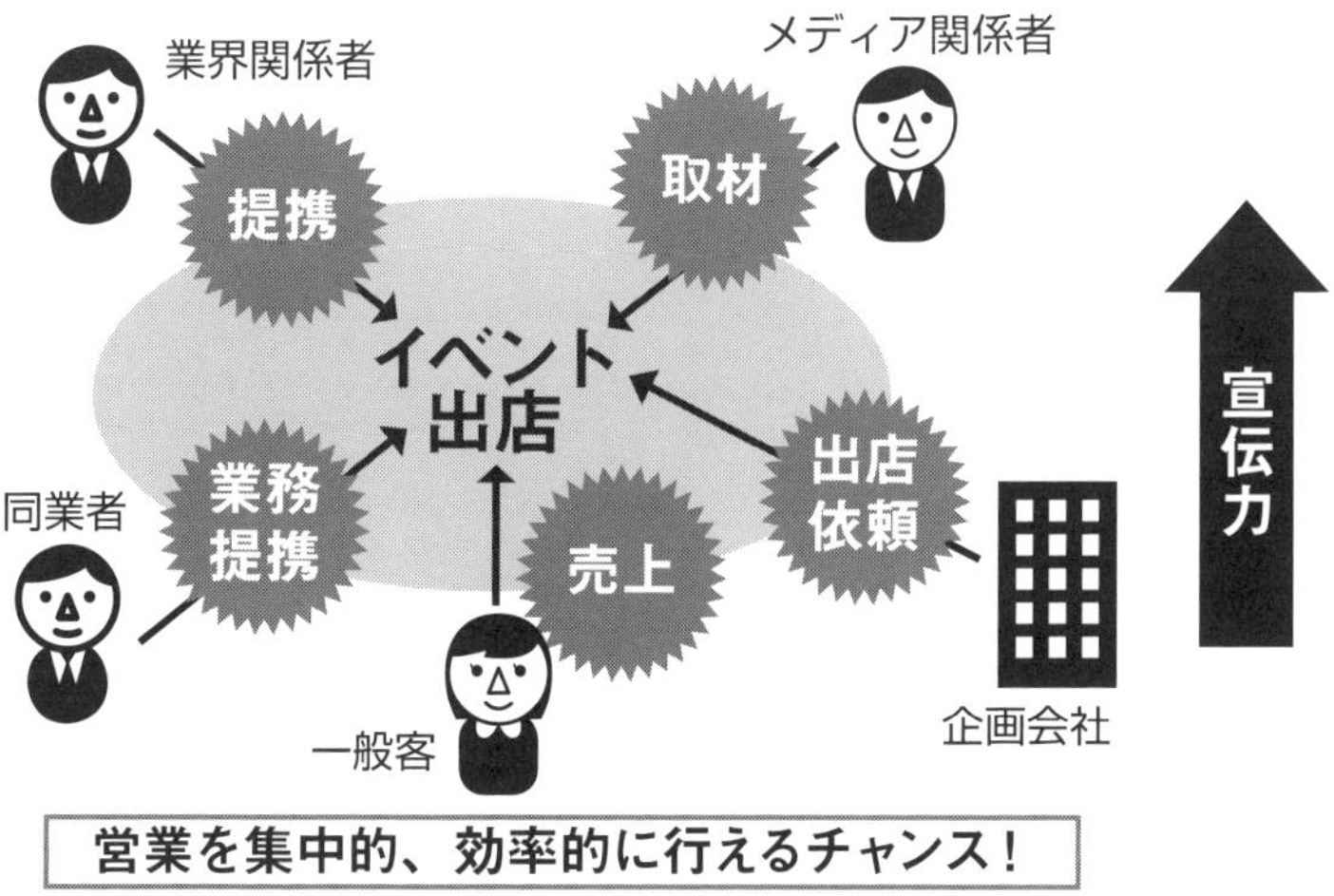

お金のかからない広報をうまく活用する

広告宣伝のほかに、お金をかけずに媒体に掲載する「広報＝ＰＲ」という方法も有効です。あなたのお店や会社の製品やサービスなどの情報を新聞・情報サイト・テレビ・雑誌などの媒体にニュースとして掲載してもらう方法です。掲載されるためにはメディア関係者が魅力的と感じる情報が欠かせません。その情報を提供するプレスリリースを書いて送りましょう。1回登録すると複数の媒体に情報が届くプレスリリース提供サービスなども活用するとよいでしょう。当然、前述したインターネットの世界も同じです。自社ホームページやブログ、Facebookなどに、こまめに情報を掲載しましょう。メディア関係者の目にとまって、新たなニュースとして発信されるかもしれませんよ。

先輩に学ぶ起業ストーリー

ネットショップ・展示会を起点に事業化に成功

手作りの帽子 Peach Bloom

Peach Bloom
入澤恭子さん

業種
製造・販売

創業
2001年4月

創業メンバー
3人

「Peach Bloom」は個性的なデザイン、かぶり心地のよさで人気となった帽子ブランド。入澤恭子さんが広告代理店勤務の傍ら服飾専門学校や帽子教室に通い、そこで出会った友人たちと1999年後半に帽子販売のネットショップをオープンしたことが起点となっている。ネットショップで販売しながら、手作り作家が集まる展示会やアパレルの合同展示会に出展し、次第に帽子屋、アパレル問屋、洋服ショップから注文が来るようになった。一度に100個の注文が来るようになり、入澤さんはアトリエを借りる決心を固める。

2001年6月にアトリエをオープン、そして9月にはファッションビル・新宿ルミネ1に帽子専門店を開店した。「アトリエを借りるとき、帽子デザイナーは、帽子だけ作っていればいいと思っていましたが、現実はまったく違うものでした。あまりの忙しさに、みながみるみる痩せていきました」

一時は店を畳もうとしたものの、ルミネ側の引き止めに「もう一度、頑張ろう」と踏みとどまった。販売担当者を雇い入れ、入澤さんたちはデザインと生産に専念し、月に18万円だった売上が2年後には約15倍になった。

企業情報

- 株式会社ピーチブルーム
- 東京都世田谷区代沢 4-16-2
- 03-6751-4445
- http://www.peachbloom.com

規模に合わせて、業務の流れやキャッシュ・フロー面などを改善

その後、さらに売上が上がると生産が追いつかなくなり、5年前から作業工程を変更した。帽子の生産は外注し、入澤さんたちは帽子デザイナーとして、デザインから型紙起こし、サンプル品作りまでを担当。デザインに集中できるようになり、多くの個性的な作品を生み出すことができるようになった。

展示会への出展回数を増やして現金が入るタイミングを増やすことにしたことも、資金繰りの改善に貢献した。さらに、海外の展示会に出展したことがきっかけとなり、Peach Bloom の帽子はヨーロッパでも販売されるようになった。少しずつ業態や規模が変化するに合わせて、業務や社内の仕組みなどを変えていき、2008年4月には株式会社として法人化を果たす。

帽子屋といっても、仕事内容は多岐に渡る。帽子のデザインや制作だけでなく、資金繰り、経理、スタッフ教育、店舗の管理、卸売り、オンラインショップ運営、海外への販路開拓、アパレルからのOEM受注……。

「やらなければならない仕事がザクザク沸いてきます。種類の違う仕事がいっぱいあり、飽きません。パズルや攻略ゲームをどんどん解いていくような感覚で、仕事はゲームみたいな感じですね」。入澤さんは今日も、好きな帽子に囲まれる生活を送っている。

Peach Bloom の帽子は大量生産するものとは異なり縫製に手をかけ、かぶり心地のいい構造になっている。

26

自分の好きなもの、得意なもので勝負できますか？

A 「お店＋サロン＋教室」の多角的な事業展開で成功へ！

得意なもの、好きなものがある人は、もうそれだけで**強み**です。多少のトラブルがあっても、好き・得意という気持ちがあれば、頑張れるというもの。さらに自分自身もユーザーであることから、同じユーザーの気持ちや求めるものが想像しやすいこともあります。

自分の好きな物を伝える業態として、お店や教室、サロン、イベントなどが考えられますが、1つに絞る必要はなく、組み合わせて事業を展開する方法もあります。むしろ「好きなこと」「得意なこと」を軸にして多角的な事業展開を考えてみてはどうでしょう。たとえば、ラーメン研究家が、選りすぐりのラーメン店を集めてラーメン博覧会を開き、自分が開発したラーメンセットを売るなど。好きなことなら、どんどんアイデアが湧いてきますよね。

楽しいだけでなく、事業戦略としてもメリットは大。お店のお客さまを教室に、教室のお客様をイベントにというように、ひとりのお客さまを対象に2度も3度も利用してもらえるわけですから、その分売上も上がり、事業が安定しやすくなります（図6－04）。

起点をどこに置くのかは、思案のしどころ

多角的な事業展開を考える際に、まずは軸となる事業を決めましょう。教えられるだけの知識や

6-04 「楽しい」を通じて、広がるコミュニティ

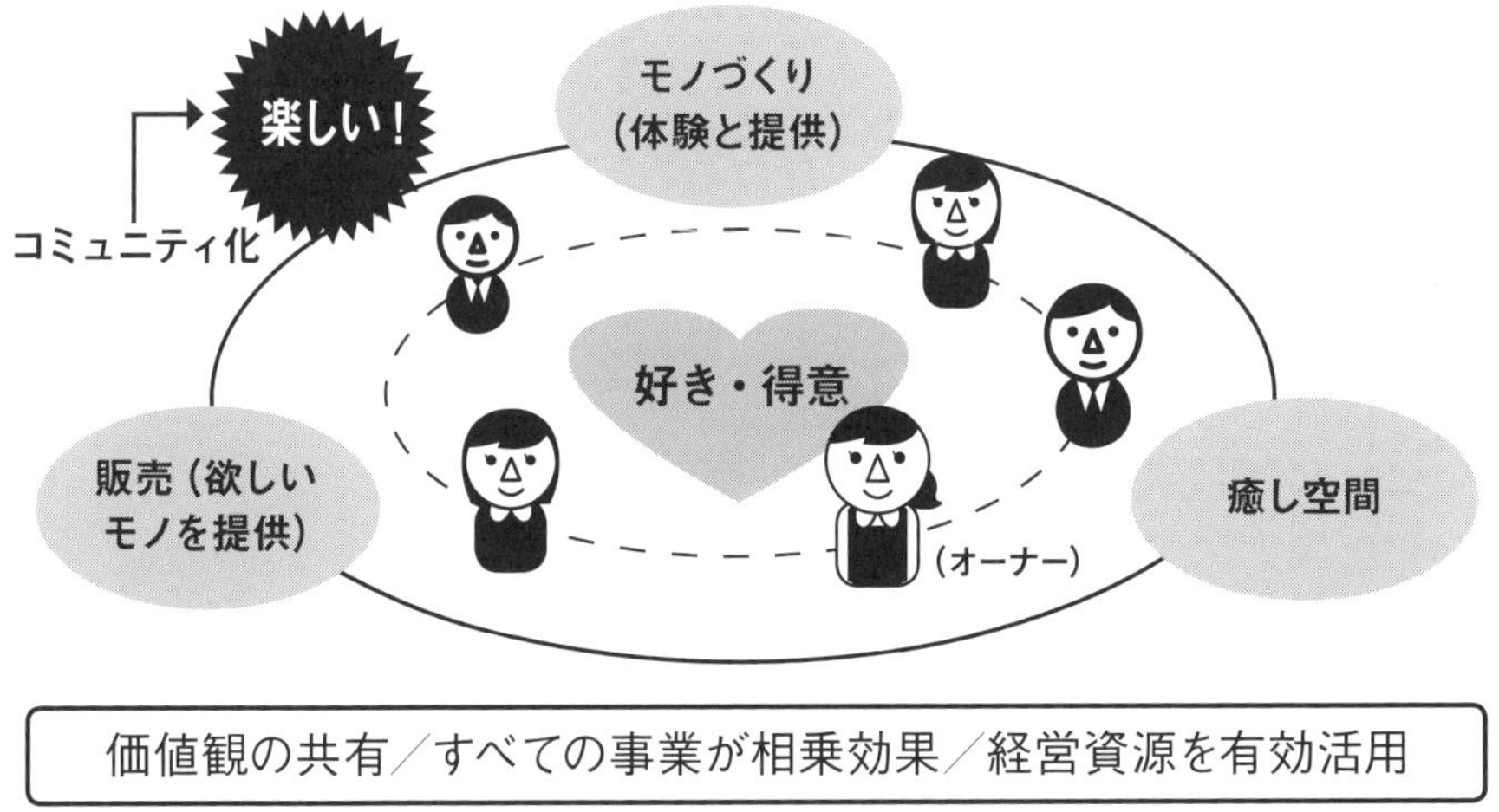

技術が自分にあれば「教室」もいいでしょうし、良いものをコンスタントに作る自信があれば「モノづくり」でもいいです。いずれに該当しなくても「好き」で目利きができるなら、好きな商品を仕入れてお店を作り、先生を呼んで教室を開催する「サロン」という方法もあります。

自分で「作り、販売し、教える」と利益率が高くやりがいも感じられますが、ひとりだけが中心になるとビジネスが広がらないので注意しましょう。人を育てて任せていくことも大切です。

インターネットを活用して、何度も来たくなる場づくり

お店や教室に何度も足を運んでもらうためには、快適なコミュニティづくりが大切です。以前はリアルなお付き合いが一般的でしたが、近年はインターネットを介したコミュニケーションが活発化しています。さらに新しい顧客を惹きつける広報活動としてインターネットの活用を検討してもよいでしょう。

先輩に学ぶ起業ストーリー

陶芸教室とうつわ雑貨店を併設する

うつわ雑貨店　器器器（ききき）

陶芸教室
新堀恵理さん

業種
教室・販売

創業
2002年10月

開業資金
600万円

陶芸家という「自分らしい世界」を見つけたという新堀恵理さん。「陶芸は作り方にこだわらず、自由な発想でできます。粘土は、どのような形にもなります。作り方には種類がありますが、基本的に自由。焼きものは、色付けや焼成によって、想像通りの作品ができない場合も多くあります」と語る。

カメラマンの道から転身し、陶芸の職業訓練校を経て、窯元に就職。その後さまざまな窯元を訪れて修行を重ね、陶芸教室を開く資金を貯めるために２年間、昼も夜もアルバイトをした。

そして、開業資金が貯まった２００２年５月末に仕事を辞め、いよいよ開業準備を始める。そして２００２年10月27日、地元の東京・目黒区に、陶芸教室と陶器屋さん「器器器」をオープンした。

「作品を販売する店舗や、教室後にゆったりお茶を飲める場所も併設された陶芸教室」という構想は、働きながら陶芸教室に通いだした21歳の時から温めていた。「教室では黙々と作品を作って、さっさと帰宅していました。そこがつまらないなあと思っていたのです。教室終了後、お茶しながら、楽しくおしゃ

店舗情報

- 陶芸教室、器雑貨店「器器器」
- 東京都目黒区原町 1-10-9　1階
- 03-5721-8330
- http://monokurohyakka.co.jp

べりができれば良いのになあと。私が教室をはじめる際には、もっと先生や生徒の素顔を知りながら、楽しくしゃべることができる雰囲気にしたいと思いました」

教室は週5日開催。お店で作風が確認できるメリットも

陶芸教室の生徒は30~40代が多い。女性が圧倒的に多いが、最近は男性や夫婦で参加する人も増えた。教室の特徴は「焼き以外の作業、つまり粘土をこねて形を作る工程から、色付け、絵付けまですべて生徒自身で行う」こと。また1週間のうち、お店の営業日とほぼ連動して水曜日から日曜日までの5日間開講しており、週2日は夜のクラスも設けられている。ほぼ毎日開催している教室は少なく、集客にもつながった。

また店舗があるというメリットはほかにもある。「私達が制作した作品を販売しているので、事前に作風をチェックすることができるようです」。新堀さん自身も店頭に立つため、どんな先生かを知ることができるというわけだ。

教室では生徒さんが生み出す発想やセンスに触発され、新堀さん自身の意欲が増すこともあるという。今後は「陶芸だけでなく、動物や作物を育てることにも興味があります。将来は、田舎で生きものをいちから育て上げる生活もいいなあと思っています」。

販売する陶器を並べておくことで、見込み客が事前に作風をチェックできるメリットが生まれている

27

季節によってばらつきが多い仕事。スタッフの確保が大変です！

A スクール運営で、好きな人や得意な人を確保してみては？

季節や時期によって忙しさの程度が変動する仕事は、人手のコントロールが難しいもの。特に一定のスキルやビジネスマナーが求められる仕事の場合は、臨時のアルバイトを雇えばいいというわけにはいきません。それなら、そういう人を育ててしまうというのはいかがでしょう。

アート＝芸術や手芸の分野は、事業をはじめると「商品を買いたいという人」と「自分でも作ってみたい人＝教えてほしい」の両者が生まれてきます。もともと作るだけ、販売するだけだったのが、自分もやってみたいというニーズをキャッチして、教室をはじめたという経緯を持つ会社も多いのです。すると教室で学んだ生徒さんは、その会社のノウハウを一から学んでいるのでスキルレベルもわかり、用語などにも親しんでいることから意思疎通も図りやすい。そこで教室の生徒さんを、教室の助手やスタッフ、商品制作スタッフとしてスカウトするというわけです（**図6－05**）。

スタッフとして雇うなら、スキルに加えて人間性を重視

生徒さんをスタッフにする際には、やはり人間性が大事です。どんなにスキルが高くても、いつまでも生徒さん気分が抜けない人やビジネスマナーが伴わない人は、スタッフとしては厳しいものがあります。電話応対、敬語などのビジネスマナーといった基本的なビジネススキルはもちろんで

|6-05| スクール運営によりスキルのあるスタッフを確保する

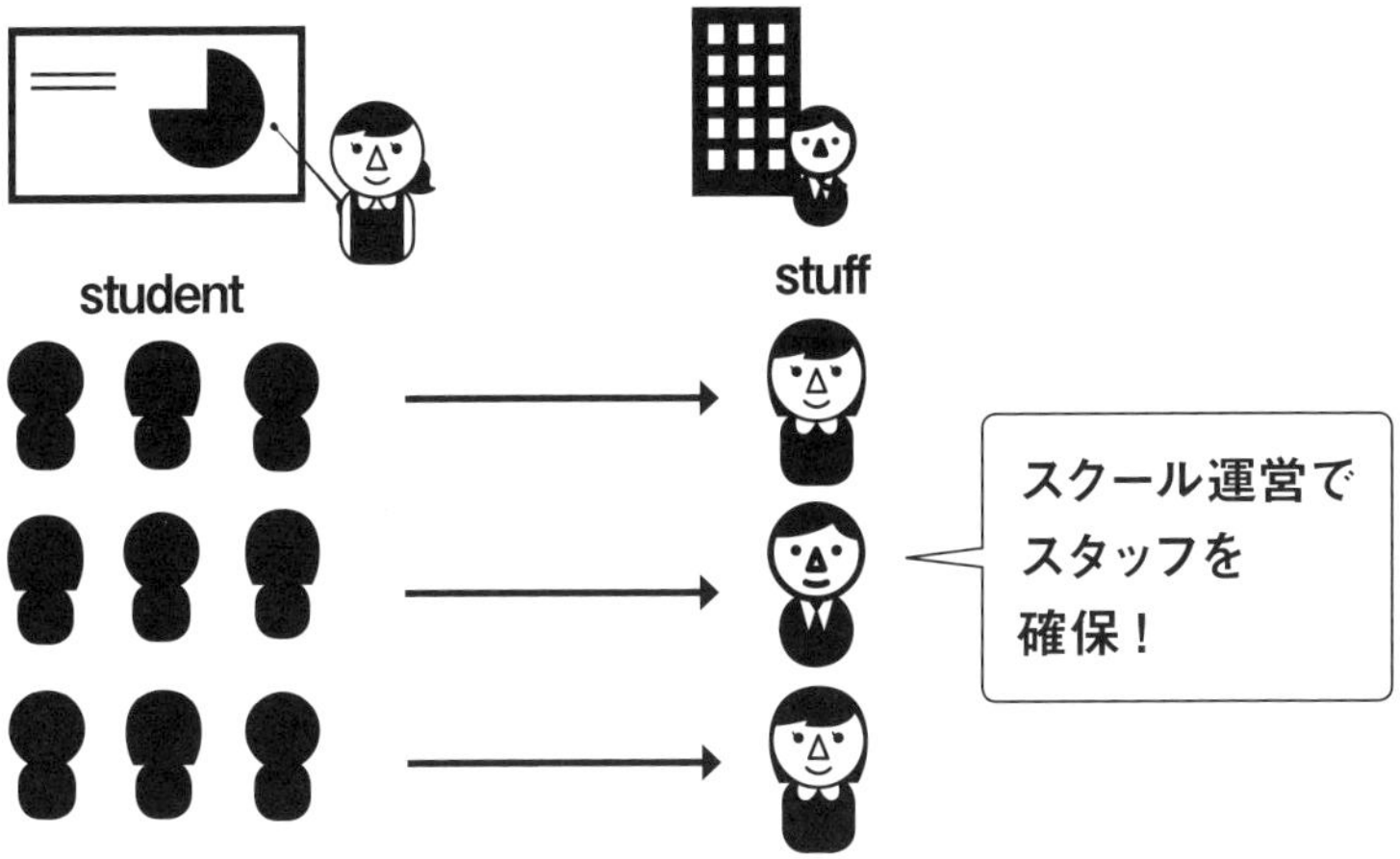
student
stuff
スクール運営で
スタッフを
確保！

すが、仕事に対する誠実さが感じられる人に依頼しましょう。

また、あなたや他のスタッフとの相性も大事なポイントです。どんなにいい人でも、事業に対する理解や、方向性に対する同意が得られなければ、どこかで関係は破綻する可能性があります。「お客さまを大切にする気持ちがある」、「事業を発展させる熱意がある」かを判断しましょう。こうしたビジネスマナーやあなたとの相性は、教室で教えているときに気づくことです。お互いを知り合ってから仕事の受発注ができるので、その点においてもメリットがあります。

異なる個性を集め、多面性のある強いチームに

人間性をよく知ってからスタッフとして採用できるメリットを活かし、多様性のあるチームを作るとよいでしょう。明るいが大ざっぱな人が多いなら、細かい作業が得意で心配症な人を入れるなど、チーム全体を見ながら、足りないタイプの人を採用するなど、さまざまなスキルや性格が集まったほうが強いチームができます。

先輩に学ぶ起業ストーリー

スクールやアンテナショップを展開

A'syu バルーンアート装飾の専門店

アズユー
宇田川優さん

業種
サービス・教室

創業
2001年5月

創業メンバー
1人

東京・代官山駅近くに、バルーンアーティストである宇田川優さんが運営する「A'syu」がある。A'syuでは、式場をバルーンアートとフラワーアレンジメントで飾るオリジナルウェディングを提案し、スクールも併設している。

宇田川さんはバルーンアートの専門学校を卒業後、2001年5月に個人事業主としてバルーンアートの制作を開始した。しばらくすると、週末に結婚式が殺到する関係もあり、ひとりではすべてをまかなえなくなる。そこで週末だけのアルバイトを募集すると学生や主婦が集まったが、季節や時期で変動の大きい仕事だけに、慣れても辞めてしまう人も多く、頭の痛い問題だった。

「『土日だけ』『登録型』などの条件に合致するだけで、バルーンアートへの関心がほとんどなさそうな方もいましたし、『風船に囲まれる幸せな仕事』というイメージだけで来られて、寒い現場で雨に濡れながら準備するなどの現実に耐えられない方もいました」と宇田川さんは振り返る。

一見華やかなイメージを持たれがちだが、バルーンアートの仕事は立ち仕事と力仕事の体力勝負となる。それでも好きな仕事なら、多少条件面で折り合い

企業情報

- 有限会社 アズユー
- 東京都渋谷区代官山町 12-16 シンフォニー代官山 1F
- 03-5459-3812
- http://www.dear-s.com

がつかなくとも続けられるはずと発想を変え、とにかく「バルーンアートが好きな人」を探すことにした。まず思いついたのがスクール運営だった。

従業員育成と受注拡大のため、アンテナショップを開店

バルーンアートとフラワーアレンジメントを融合させたスクールを開講させたところ、受講者は着実に増え、希望通り、バルーンアートが好きな人がたくさん集まった。結果的に人材も確保しやすくなり、２００３年には、有限会社アズユーを設立。スクールの生徒2名を正社員として雇用した。しかし、ここでも悩ましい問題となったのが、仕事の偏りだった。

「平日は仕事量が少なく、雇った従業員の仕事が不足していました。しかし、知識や経験を積む意味でも、勤務時間は減らしたくない。それらの問題を解決するため、アンテナショップを思いついたのです」。

接客頻度が増えることで、従業員の商品知識や技術力も上がる。モチベーションも高まり社内に活気が生まれ、今では従業員11名を抱える。

「独立したとき、将来のことは考えませんでした。知らないうちに、10年経ったという感じです。これからも今までと変わらず、お客さまの仕事を精一杯やっていきたい。また代官山や神戸のアンテナショップも続けてこられたので、今後は地域の方に何かお返しできたらいいなあと思っています」

式が開催される約３ヵ月前にデザイン案を提案。イメージとすり合わせてながら当日作品を仕上げる。

28

やりたいことがわからないそんな私でも起業できますか？

A なんでも屋でスキルを磨きながら、やりたい仕事を発見できるかも。

「特技もない、やりたいことがわからない」という人もいらっしゃるでしょう。でも「特技がないからこそ、なんでもやってやる！」という意欲のある人に、ぜひ挑戦して欲しいと思うのが「なんでも屋（便利屋）」です。人はどうしても既に獲得しているスキルや得意なもので勝負したいと考え、苦手なものや未経験のものには尻込みしがちです。しかし「特技がない」ことは、ポジティブに取れば「何にでも挑戦できる」ということ。

「何がやりたいかわからない」というなら、あなたがやりがいを感じられる仕事、役に立てる仕事は、まだこの世の中に誕生していないと考えてみてはいかがでしょう。なんにでもトライして試行錯誤する中から、自身が本気でやりたいと思えるビジネスを創りだせるかもしれませんよ。当然それは、新しいビジネスチャンスにほかなりません。

すき間ビジネスを見つけるポイント

ニーズが多様化する昨今、既存の業種に合致するものがなければ、便利屋が受け皿となっています。とても私的な事柄でも「誰かに頼みたい」という潜在的なニーズもあり、昔は近しい人に頼んでいた用事でも今では外注することも増えています。さらにネットで情報が探しやすくなった分、

6-06 すき間ビジネスを見つけるポイント

❶ 人の悩みや困っていることを調査する

❷ 〝頼む相手がいなかった〟困りごとを見つける

❸ 既存ビジネスに足りない要素に気づく

❹ 心を満たすサービスをオーダーメイドする

❺ 業務内容は定めず、依頼に応じてサービス内容を広げていく

心理的な敷居も下がりました。たとえば、部屋の掃除、庭の草むしり、犬の散歩、話し相手、病院への送迎、ラブレター書きなどが便利屋が代行している一例です。

そういったニーズを蓄積していけば、ビジネスの種として育てていくこともできます（図6－06）。

「人」が主体のサービスで、本当の価値を提供していく

便利屋は人が主体のサービス業です。同じ1時間でも、ニーズに対して誰がどのように対応するかで満足度が大きく変わります。それだけに「○○さんに頼みたい」「男性に、女性に頼みたい」と指名されるようになれば、価格競争にはなりにくいと考えられます。

同じように美容院、接骨院、歯科など、同じ地域に複数のお店がある場合がありますが、それぞれが生き残っていられるのは「人」が主体のサービス業だからです。つまり、提供されるサービスは誰が提供しても同じではありません。人の好みや相性がある限り、**あなた自身の個性を出していくこと**が価格競争を逃れるカギになるでしょう。

先輩に学ぶ起業ストーリー

既存サービスにない価値を提供する便利屋さん

(株)クライアントパートナーズ

クライアントパートナーズ
安倍真紀さん

業種
サービス

開業資金
名刺制作費

起業なんて考えたこともなかった20代。「それまでは親や会社に頼って生きていて、優しくしてもらうことや弱い部分をカバーしてもらうのは当たり前だと思っていました。また将来のことは考えず、給料をほとんど使ってしまう生活でした」と振り返るのは、〝女性スタッフだけの便利屋〟として16店舗を展開する株式会社クライアントパートナーズ代表の安倍真紀さん。30歳を超えた頃、「何かはじめよう、このままではいけない」と生き方を変える決心をした。

ともかく起業して、自分で自分の仕事を作ることにしたものの、どのような事業をはじめればよいか見当もつかなかった。とはいえ、限られた市場のパイを奪い合う競争には巻き込まれたくなかった。

「さまざまな本を読み、『富は奪い合うものでなく、いくらでも作り出せる』ことを知って感銘を受けました。(既存事業のように)限られたものを奪い合うのではなく、新しい市場を作り出す仕事がしたいと思いました」。ビジネスモデルを試行錯誤し続けたある日、「具体的に何も思いつかないなら、何でもやろう!」と、〝なんでも屋〟になることを決めた。

店舗情報

- 株式会社クライアントパートナーズ
- 東京都渋谷区渋谷 3-18-4 渋谷 3 丁目ビル 10 階
- 03-6418-4511
- http://www.clientpartners.jp

しかし、起業したものの1年間まったく仕事が入らなかった。そこで、人が困っていることは何か、それに対して自分は何ができるのかを考え続けた。営業職に就いていた経験を活かし、たくさんの人と会話を重ねるうち、〝心のふれあい〟が欠けている現状を実感する。誰もがして欲しいことがあっても、必ずしも頼める相手がいるわけではない。そうして〝心のふれあい〟を補うサービスに大きな市場があることを確信した。

顧客との対話により、介護や探偵のニーズに気づく

顧客のニーズに応える中で、安倍さんは介護の人手不足で問題が生じていることに気づく。介護を受ける側の精神的なストレス、介護保険が適用される業務と適用外業務の狭間で苦労する話も聞いた。そこで介護事業者の資格を取得し、介護のサポートをしたいと考えるようになった。また、探偵業務もお客様からの要望で始めたものだ。探偵事務所は数あれど、費用が高くて小さな依頼は受けてもらいにくい。同社には「簡単な探偵調査をして欲しい」という依頼が多いという。

「今後は、まずクライアントパートナーズという会社の体制を盤石にし、多くの人が困った時に頼りになれる場所にしたい。日本全体が精神的な豊かさを取り戻すお手伝いをし、最終的には私達のサービスが必要となくなるような社会の実現を目指していきたいと思います」

ウェブサイトでは実に多彩な相談事例も確認できる。

column

無料でネットショップを開いてみよう

売りたい商品があるならば、すぐにネットショップを開いてみましょう。ネットショップなら、夜間に集中して作業ができるので「副業」にも最適です。ネットで売れる商品の種類は、①希少性の高いもの。例えば、独創的な手作りアクセサリー、量産されないバッグ・雑貨・洋服、子育て便利品、焼き菓子など。②オリジナル作品として、絵画、書などです。

ネットショップを開くには

将来的には、楽天市場などのショッピングモールに大々的に店をオープンしたり、自作オリジナルショップを製作することになると思いますが、最初は「できるだけ簡単に無料で」ネットショップを作ることをオススメします。その理由は、「無料なら失敗しても何の損もない」、「トライアンドエラーを繰り返し、より良い方法を模索できるから」です。

無料でネットショップを作るサービスには、「STORES.jp」(https://stores.jp/)や「BASE」(https://thebase.in/)がありますので参考になさってください。

一番大切なのは、ネットショップを作ったあと、「友人、知人に見せること」。ショップURLをメールで送り、意見を聞きましょう。「もっとこうした方が良いのでは?」という率直な意見はアイデアの種となります。

何も売れなくても決してメゲないでください! すぐには売れない、だから改善を加えながら、売れるビジネスを作っていくのです。一番大切なのは「すぐにやってみること」、「知人に『こんなビジネスを始めました!』と公開すること」。世間の誰かにあなたの起業の第一歩を知らせたという事実、これってすごいことですよ!

第7章

今すぐはじめるあなたへのアドバイス

01 「夢リスト」と「10年後までのイメージ表」を書き出してみよう

起業にはあなたの夢が詰まっています。「誰かの役に立ちたい」、「趣味を仕事にしたい」、「自分らしいキャリアを築きたい」、「時間を選んで、自宅で働きたい」など、さまざまな想いを形にする自信の働き方です。起業への原動力はあなたの夢や理想が源になります。起業に関心を持った時点で、あなたの「夢リスト」と「10年後までのイメージ表」を作ってみましょう。

目的は、**あなたの未来を具体的にイメージすること**、そして、**どのようにすれば、その未来を手に入れることができるのか?**を考えることです。「自分がどんな人生を求めているのか?」を明確にし、それを実行するための人生プランに落とし込んでいきます。すると「2年後には、起業しよう。これからの2年は起業の準備期間に充てよう」など、具体的な行動プランができますね。いつまでに何をするという期限を決めると、不思議と達成できるものですよ。

夢リストのつくり方

さっそく、夢リストを書き出してみましょう（**図7-01**）。自分の夢を思い付くまま10個書き出してください。将来、どのような生活が送りたいのか、仕事でどのようなことを達成したいのかなどの観点を盛り込みます。たとえば、好きなフラワーアレンジメントの教室を開きたい、ネイリスト大会で優勝したい、家庭と仕事を両立したい、ゆっくりとした田舎に住みたい、毎年、海外旅行

7-01 10年後までのイメージ表：夢リスト

		あなたの「夢」(夢リストから、達成したい時期へ記入)	夢をかなえる具体的な行動
現在	(　　年　　月)		
1年後	(　　年　　月)		
2年後	(　　年　　月)		
3年後	(　　年　　月)		
4年後	(　　年　　月)		
5年後	(　　年　　月)		
6年後	(　　年　　月)		
7年後	(　　年　　月)		
8年後	(　　年　　月)		
9年後	(　　年　　月)		
10年後	(　　年　　月)		

に行きたいなどです。

次に、その夢に優先順位をつけます。一番達成したい（優先順位が高い）ものを3つだけ選んで「A」と書き込みます。その次に優先順位が低いもの3つに「B」と書き込みます。残った項目には「C」と書き込みます。

10年後までのイメージ表のつくり方

イメージ表も作っていきます。夢リストの中で優先順位が高かったAの項目から、10年後までの、自分がイメージするイベントを年表に書き込んでいきます。その次はBの項目を入れてください。

次は、作った年表の右欄に、**その夢を達成するために必要な具体的な方法と実行する時期を書き込みます。**

書き込みながら、「何をしなければならないか？」の具体的なイメージを頭の中で膨らませてみてください。明確にイメージしたことは現実化しますので、イメージトレーニングもとても重要ですよ。

02 好きなことの専門家になろう(上)——好きなことを100個書き出してみて!

あなたの好きなことは何ですか? 次のような手順で、あなたらしい「好き」を探してみてください。ここでは好きなことの専門家になるためのステップとして、好きなことを100個書き出す方法について紹介します。

①ノートに、好きなことを100個書き出してみる
②特に好きなことを20個選び出し、○を付ける
③選んだ20個を、モノ、コト、イメージ、行動の項目で再分類する
④イメージの分類した項目の好きな理由を書く
⑤モノ、コトの中で、友人・知人に珍しがられるものをチェックする

パソコンに入力せずに手書きをすると、あなたの想像力が上がってより多くの気づきがあります。好きなことは、思いついたまま書き出しましょう。

たとえば、くつろげるカフェ、韓流ドラマ、食べ歩き、習いごと（アクセサリー教室）、マッサージ、表参道・青山、オーストラリア、指輪、友達とおしゃべり、人に何かしてあげること、笑顔、犬、カラオケ、ベージュ色、永作博美……などなど。

選んだ20個を、以下の項目に分けてもう一度書き出します（新しい表現になってもOKです）。

・モノ（形があるもの）
例）コーヒー、指輪
・コト（形のないサービスや行動）
例）カラオケ、カフェ、アクセサリー教室
・イメージ（色彩、雰囲気を表す言葉、場所、タレント名など）
例）ベージュ色、韓流、永作博美
・行動
例）おしゃべり、人に何かしてあげること

次に、イメージとして挙がった項目の横に、「なぜ好きなのか？」という理由を書いてみてください。そこに書かれたイメージは、あなたが求めるライフスタイルや生き方のイメージに近いかもしれません。さらに、モノ、コトの中で、友人・知人に珍しがられるものはありますか？

あれば、それはあなたの大きな**個性＝オリジナリティ**になります。その分野を極めて、専門家になってみてはいかがでしょうか？

03 好きなことの専門家になろう（下）——専門家になるまでのステップ

前項の「好きなことの専門家になろう（上）」では、好きなことを100個書き出すことであなたのオリジナリティを見つける方法を紹介しました。ここでは、いよいよ「好きなことの専門家」になるまでのステップについて紹介します。

特化した分野を持っていることは強みになる

世の中のビジネスの多くは、専門・集約型になりつつあります。一部例外的なのは、大手スーパーと百貨店だけですが、その中身を見ると、細かい分野に特化した専門店ばかり。百貨店やショッピングモールは人気の専門店を集め、大手スーパーですら、自社が強い分野以外は専門店を入れるところが増えました。

起業する場合も、特化した分野を持っていることは強みになります。たとえば、飲食店を何でもプロデュースするのではなくカフェ開発に特化する、洋服なら何でも売るのではなくパーティ用輸入衣裳に特化する、ペットなら何でも扱うのでなく、うさぎ専門店といった風に。あなた個人も好きなことの専門家を目指してみませんか？

「好きなことの専門家」になる手順は、**図7-03**のとおりです。

186ページで、好きなこととして書き出したモノ、コトの中から珍しいものを選びます。そし

|7-03|好きなことの専門家になるためのステップ

❶ 何の専門家になるかを決める

❷ ネット検索で競合がいるかどうかのチェック

❸ 専門とする分野をイメージする名前をつける

❹ ブログやFacebookなどのウェブページを作成する

て、「行動」に出てきた言葉を組み合わせて考えてみます。ポイントは分野を広げ過ぎず、ニッチ（狭い）な内容にすることです。たとえば、パンの食べ歩き、ラーメンのスープ作り、東京散歩、焼き菓子のレシピを作る、スニーカーを集めるなど。このとき、イメージできてきた自分の得意分野で競合がいるかどうかをネット検索で調べます。なるべく分野がカブらないように、専門家になる分野を変更・修正しましょう。

分野が特定できたら、専門家として、専門とする分野をイメージする名前をつけます。たとえば、パン・コンシェルジュ、ラーメンスープ研究家、東京散歩マニアなどです。個人により好みはありますが、キャッチーな名前にするのがポイントです。

名前ができたら、ブログやFacebookなどのウェブページを作成しましょう。きちんとしたホームページを制作するのは、ある程度、人気が出てきてからでも大丈夫。あなたが集めた情報をバンバン載せていきます。情報量の多さは、勝負のキーポイントとなります。更新をしっかり行えば、そのうち、「○○に詳しい人」として知られるようになるでしょう。競合が多過ぎると、認知度を上げることが難しいので、専門家になる分野選びは慎重に行ってください。

04 起業を宣言しよう。「ダメじゃない?」と反対する人ばかりでも大丈夫!

何をやりたいか見えていなくても、将来的に起業したい方は、信頼できる友人や周囲の人に「起業したい」と宣言してみましょう。宣言すると、本人は周囲からの期待を受け、頑張ろうとモチベーションが上がると同時に後に引けなくなります。「いいね、頑張って!」と言ってくれる人もいますし、あなたを心配するあまり「~だからダメじゃない?」「絶対にムリ!」と起業へ反対をする人もいます。でも、あなたが起業したいという気持ちはいつかわかってくれるはず。

起業すると言ったときに、すぐに応援してくれる確率は50%くらいでしょうか。反対意見はアドバイスとしてありがたく受け取りつつも、将来の道は自分で作るしかありません。

大事なのは、**事業内容の話をするのはあなたを応援してくれる人だけにすること**。相手に「100%応援」の気持ちがないと、善意のネガティブ発言ばかり増えてしまい、あなたの気持ちもショゲてしまいます。起業には前向きな気持ちが一番! 明るい気持ちで進めば、起業までの道のりで大変な場面が生じても、大抵のことは乗り切ることができます。

周囲への起業宣言が結果として自分の背中を押していきます

私が「会社を辞めて起業したい」と言ったときに、賛成してくれて背中を押してくれたのは、同年代の先輩起業家でした。先輩起業家のみなさんが、私の夢をゆっくり聞いてくれたことを思い出

します。ちなみに私の場合、起業宣言から実際に開業するまでに1年半以上かかりました。心の中で、「起業したいと言ったけれど、まだ起業していないから少し恥ずかしい。でも、いいか! そのうち起業するんだから」と思いつつ時間が流れ、ある晩、ふとビジネスモデルを思いつき、その翌日だったでしょうか、上司に会社を辞めて起業したいことを伝えました。

起業して**成功するか、失敗するかは、やってみないとわからない**。起業家の素質うんぬんもありますが、起業後に開花する才能もあるので、将来のことは誰にも決められません。そもそも、**失敗することはとても大切なこと**。多くの成功起業家さんは失敗経験から大きなビジネスを生み出し、失敗や苦悩から大きな売上の「種」を見つけていらっしゃいます。

まずは、誰かに起業を宣言してみるところからはじめましょう!

05 刺激と知識を得るために、起業セミナーに出てみよう

今までに、起業セミナーに参加されたことはありますか？　起業セミナーは、起業でなく「独立」「開業」という名が付いている場合もあります。セミナーは、講演会とは少し違い、参加者が３名から40名くらいの規模の勉強会です。講演会はステージがあるような大きな会場で開催され、数名の質疑応答もありますが、主に傍聴するパターンが多いですね。一方、起業セミナーは講師との距離が近く、グループワークがあったり、企業研修に似ている部分もあるかもしれません。

起業セミナーに参加すると、講師に直接質問できるだけでなく、起業を目指す人と多く出会うことができます。皆が起業という同じ目的を持ち、夢をいつか実現したいと思っている人が多く参加しています。私が主宰する、ひとり起業塾セミナーには、まったくアイデアはないけれど起業に関心がある方や、すでに起業して数年経つけれど事業運営について知りたいという方など、20代前半から70代までいろいろな方がいらっしゃいます。

起業セミナーに参加するメリットとデメリットを**図7−05**にまとめてみました。セミナーで何を学ぶかは、人それぞれですので、行ってみたいと直感したものに参加するのがよいと思います。

7-05 起業セミナーに参加するメリット・デメリット

メリット		デメリット
● 起業に関する知識が得られる ● 起業を目指す人に出会える ● 自分が「どのように起業したいか？」確認できる　など	VS	● 参加費用がかかる（数千円～数十万円） ● セミナー会場までの移動など、時間が多少かかる　など

起業セミナーの探し方

どの起業セミナーに行くべきか悩んだら、知り合いから紹介されたセミナーに行ってみてはいかがでしょうか。高額なセミナーの場合には、無料の事前説明会が開催されていることが多いので、まずその説明会に出てみてください。「行ってみようかな」と思うものがあれば、事前にそのセミナーに関する情報をネット検索し、次の項目を確認します。

・起業セミナーの開催日程（○月○日、時間帯）
・主催者（自治体、企業・団体など）
・セミナー講師とプロフィール
（どのような分野を専門にしている人か？）
・セミナー講師の考え方
（ホームページや書籍に書かれている内容）
・参加費用
（登録料が必要か、1回ずつの支払いか、一括納入か？）
・参加者の声　など

これらの項目を見て、あなたが関心を持ったセミナーに参加してみましょう。セミナーにまったく参加しないで起業された方もいますので、一概には言えませんが、セミナーでは起業に必要な知識やヒントが掴めると思いますので参加をおススメしています。

06

アイデアをネット検索して、アレンジする習慣をつけよう

面白いアイデアを思いついたら、**まずは自分でどんなビジネスがあれば、役立つか？　面白いか？**をいっぱい想像します。それは、妄想に近いですね（笑）。絵や図に描いて具現化すると、人にも説明しやすく、そして足りない部分も見えてくるのでおススメです。

類似ビジネスが世の中に存在するかどうか、ネットで検索

次に、アイデアをインターネット検索で調べてみましょう。すでに海外にあって、まだ日本には上陸していないビジネスかもしれません。ネット上の情報だけだとビジネスの全体像を見ることは難しいかもしれませんが、わかる情報から「どのような事業なのか？」を想像しましょう。

類似ビジネスがすでに存在していたら、**あなたの考えたアイデアとどこが違うのかを探してください**。既存のサービスのほうが良いかもしれませんし、逆に、あなたの視点のほうが優れているかもしれません。類似ビジネスとの違いを踏まえた上で、**アイデアをアレンジしましょう**。取り扱う商品・サービスに「特徴」を持たせる、サービスの提供の仕方（売り方）を変える、他業態とミックスするなど、さまざまな方面から考えます。

こんなイメージでネット検索します！

うさぎが好きで、**うさぎグッズを集めた専門店を開こう**と考えた場合を例に挙げます。「うさぎ

グッズ　専門店」と入力してネット検索してみると、Googleでは221万件ヒットします（2014年3月現在）。生きているうさぎを扱う店も多く含まれますので、トップ表示よりあとの100件くらいを見ていきます。

うさぎグッズがたくさん表示されますが、どの店を見ても全体的に、よく似たテイストのものが多い気がします（なにしろ、うさぎ1種類ですからね）。同じ商品写真が多く見受けられるし、雑貨なので、どれも数百円から3000円くらいの価格帯が多く、商品単価が低い印象です。

こういった情報を見ながら、「うさぎ好きの人はたくさんまとめ買いするかな？」、「リピーターになれば定期的に買ってくれるかな？」と自分のビジネスを具体的に想像していきます。また、このように検索していくことで、「うさぎグッズに囲まれて生活するのは嬉しいけれど、競合店が多いので、どのように差別化するか？」という課題も生まれました。

アイデアをブラッシュアップしましょう

さらに、うさぎグッズ専門店の競合は多く雑貨の単価が安いこと、うさぎ好きは全国にいることを考えて、実店舗は持たずネット通販ではじめるのはどうか？とアイデアをブラッシュアップします。うさぎグッズは多く存在するので、種類別に分けてグッズを展開しようかな？　うさぎを中心にほかの動物も扱ってみようかな？　実店舗をもし作るなら、カフェを運営してその中で展示販売しようなど、商品のカテゴリー絞り、利益の出る運営方法を模索すると面白いですね。

商売は、頭で考えたとおりには動かないもの。ここでは「正解」を求めるのではなく、あくまでもアイデアを考える「習慣作り」と捉えていただけると嬉しいです。

07

実際に起業・独立している人に会ってみよう

起業への近道は実際に起業している人に会ってみること。頭の中で想像するよりも、実際に「人」に会うことで行動力は加速します。起業家の皆さんが、起業を意識し始めるきっかけは、親が自営業だった、友人や先輩・後輩が起業したというように、身近の人に大きく影響を受ける場合が多いです。

実際に、起業・独立している人に会ってみよう!

あなたの友人・知人に、自営業や会社経営をしている人はいますか? もしいれば、さっそくコンタクトを取って、コーヒーでも一緒に飲む約束をしましょう。3人いれば、全員に会ってみます。あなたが起業したいと思っていることを伝え、どんなお仕事をしているのか聞いてみてはいかがでしょうか。人の考え方、生き方はそれぞれなので、「その方の意見」としてあくまでも参考程度にすることをお忘れなく!

身近に起業家がいなければ、起業家セミナーに参加してもよいし、講演会を探して行ってみるのもよし。数カ月先の講演会やセミナーの予定を手帳に書き込むと、それまでの生活にも張りが出るから不思議です。

起業家のインタビュー記事を読んで、自分ならどのように起業するか考える

定期的に起業家のインタビュー記事を読むと、モチベーションも保たれますし、起業のヒントが得られ、経営者としての考え方を学ぶことができます。気に入ったインタビュー記事はコピーして、お財布の中にでも入れるのも良いと思います。起業家さんの好きな「言葉」や「文章」を手帳にメモしておいてください。起業準備でツマづきそうになった時、ひとりで読み返すとパワーが出ますよ。

起業家の交流会やサークルに入ってみましょう

私自身、起業する数年前から、起業家ばかりの交流会に多く出たり、起業家サークルのようなグループ活動に参加し、大きな刺激を得ました。週末は毎週のように、起業セミナーや交流会に行っていた時期もあり、起業したいと思いはじめた時期から起業1年目までの間に、年輩経営者や同年代の先輩起業家、これから起業を目指す学生まで、約2000名の方とお話をして名刺交換しました。

名刺交換して話すだけでは意味がないというお叱りも多々ありましたが、私自身は「いろいろな業界や業種の人とお話したい」という一心でした。起業家を目指す学生ばかりの会で浮いてしまったこともありますが、学生で会社を起こしている人と出会い、とても刺激になりました。こちらは頑張って話しかけましたが、中小企業の社長さんにほとんど相手にされないこともありました。

今になって思うのですが、勤めていた会社の中だけでなく、社外の人、実際に経営をしている起業家、起業を目指すさまざまな年齢の方に会って、たった3~5分間でも会話をしたことが、中小企業診断士の仕事にも活きていると感じています。起業家のサークルは、知り合いの起業家や起業セミナーで出会った気の合う人に紹介してもらうと、楽しいサークルに出会えますよ。

08

引き寄せの法則。出会いたい人を5名書き出してみよう

起業する際、あなたの「強み」を活かしてビジネスを始めることになりますが、誰にでも強みのほかに、「足りない部分」も多くあります。足りない部分は他の会社、または個人が補ってくれることになります。ビジネスの精度やその後の成功は、「良い人材」に出会えるかどうかによって決まるといっても過言ではないでしょう。

成功した起業家のみなさんは、そんな**良い人材を引き寄せる力が卓越しています**。売上を伸ばす社長さんに共通するのは、自分が欲する人材を探す際、闇雲に探すのではなく、欲しい人材の**スペックを明確にしています**。多くの経験の末に熟考した「こんなタイプが良い」という〝勘〟みたいなスペックもあり、すべてが明文化できるものではありません。しかし、スペックを明確にしないと、外見や営業トーク、雰囲気に飲まれてしまい、本当に会いたい人材を見逃してしまいます。

優秀な人材がいれば良いなと漠然と思っているだけではダメ。あなた自身が出会いたい人材のスペックを明確にする必要があります。たとえば、「経理ができる30～40代」、「教室の立ち上げ経験がある男性」、「同年代の女性で細かい作業が得意」など、スキルや年齢、性別を具体的にイメージすることが大切。「スキルや適性」と「外見」はあまり関係ありません。つまり、直感ではわからず、**できることや実績を聞いてみたり、プロフィールを見ないとわからない**のです。

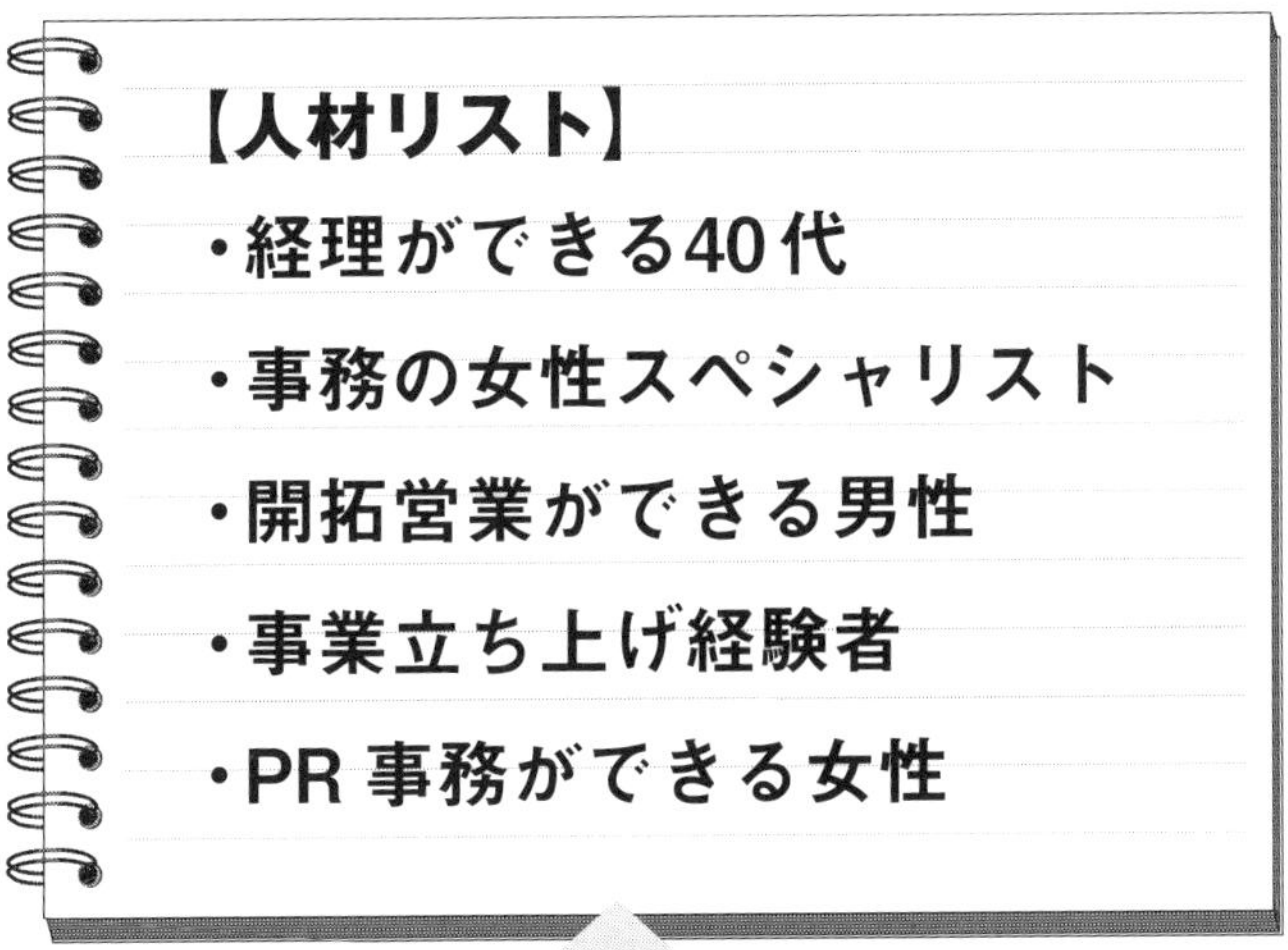

人材条件を５名書き出して、本当に会いたい人材を引き寄せましょう。

7-06 本当に会いたい人を明確にイメージする

出会いたい人材の条件を5名書き出してみましょう

あなたが起業のために出会いたい人材を5名書き出してみましょう（**図7−06**）。さまざまなスキルや能力を周囲に集めたほうがよいので、5名はそれぞれ違うスキル・能力を書き出します。書き出したら、今回想像した「出会いたい人材」を常に頭に入れ、新しく出会う人達を観察してみてください。周囲にいなければ、あなたと違う業界で働く知人に書き出した条件を伝えてみましょう。あなたが求めるスペック＝条件に合致する人が必ず出てきます。すべての条件が一致する必要はありません、スキルや能力、その人の持っている人脈など、核になる部分が同じなら大丈夫です。

条件が合う人を見付けたら、自分との相性を確認してください。ビジネスは友達ではないので、**お互いを信頼し、強みを出し合い、補完関係がある相性が大切です**。相性が合えば、一緒にビジネスを作ってみましょう。

09 社長の近くで働き、経営者の視点、考え方を学ぼう

起業後、一番困るのは、資金調達と「会社をどのように運営していくか?」という経営面です。経営とは、事業の具体的な運営に加えて、経理・財務、ＩＴ導入と管理、マーケティング、在庫管理、組織づくり、人材採用など、企業運営の全般を指します。すべてを起業前に経験して事業を立ち上げる人は少なく、どれかの分野を経験したことがあるか、集中して勉強した人がほとんどです。

「社長ならどのように考えるか?」という経営者思考への切り換え

経営者としての思考を身につける必要があります。経営者思考は起業したあとに養われていきますが、起業する前に体得しておくと経営がスムーズです。私も、従業員だったときと起業したあとでは、仕事に対する考え方がコロリと変わりました。社長になると、売上を上げて、経費を払いながら利益まで出さなければならない。そして従業員も大切にする。会社に勤めていたころは、お恥ずかしながら、「会社のココがおかしい」なんてボヤいていましたが、独立してみると、企業が持っていたすべての仕組み、優秀な上司や同僚達、毎月変わらないお給料など、何でもありがたいものだったと感じます。

経営に関する全般を短期間で学ぶのに効果的な方法は、ふたつあります。「社長の近くで働くこと」と「小さな会社でいろいろな業務を担当すること」です。ひとつずつ説明していきましょう。

社長の近くで働くこと

いわゆる「カバン持ち」。社長の近くで、身の回りの細かい仕事から、打ち合わせの日程調整、経営幹部との打ち合わせに同席、飲み会に出席してさまざまな意見を述べるなど、何から何まで社長と多くの時間を過ごすことになります。社長としてのもの事の考え方、優先順位の付け方、物事の捉え方など、身を持って学ぶことができる特権のある仕事です。

小さな会社でいろいろな業務を担当すること

少ない従業員数で成長している会社は大変忙しいですが、起業しようと決めてから「1～2年間だけ」と期間を定めて働くことはオススメです。部門の専任者がいないことが多いので、「あれも、これも」と仕事の幅が増えていくことが普通です。社長とたくさん会話をしながら仕事をドンドン進めていきましょう。コミュニケーションが得意ならいきなり営業担当者になってしまうかもしれません。何事もチャンス！

　初めての業務にチャレンジしてみましょう。起業すると、毎日が「初めて！」の連続なので、その練習の場にもなります。また小規模企業の社長さんが、どのようなお仕事をしているのか、起業時にどんな苦労があったのか？　を聞くチャンスでもあるのです。

7-07 カバン持ちで仕事を学ぶ

10 人の動かし方を学ぶため、学生サークル、ご近所サークルを作ってみよう

組織を大きくする社長には共通する力があります。**人を集め、動かす力**です。組織で働いた経験がある方ならば、人は集めるだけではダメで、その人達が「やりがいを持って働く」ことが、売上アップに繋がることをご承知のことでしょう。リーダーがただ命令するだけでは人は動かず、それぞれに「やりがい」を感じられる役割分担や感情の機微が必要です。

人を動かす力とは、集まった人達の役割分担を決め、目標に向かってそれぞれのやる気を高めながら一致団結する力。一朝一夕で身につくものではありません。社長になってから数多くの失敗を繰り返し、「人を動かす＝マネジメント力」を身につけた方もいらっしゃいますし、起業前から基礎力を備えていて、起業後に高められた方が多いのも事実です。

マネジメント力を鍛える方法は、チームを作って動かす経験を積むことにつきます。起業家とお話していると、小さい頃から人前に立つことになれていた、と耳にすることが多くあります。また学生時代に「新しい部・サークルを作った」、「サークルの部長、副部長をしていた」という人も多い。チームを束ねるのに必要な基本的な要素は、学生でも大人でも同じなので、チームを動かした経験が起業後に活きるのです。チームのリーダーになる経験が大切なので、アルバイトで責任者を任されたという経験もいいでしょう。

逆に言えば、「昔から、どこに行ってもリーダー的な存在になる」という人は、起業家に向いています。もし自分で事業アイデアが思い浮かばなければ、身の回りでアイデアマンを探しましょう。アイデアマンは、いつも「〇〇にしようよ」と面白いアイデアを言っているので話を続ければわかります。事業アイデアは、そのアイデアマンが作り、あなたは人を集めて組織を運営すれば、良いパートナーシップが組めますよ。

将来、起業家になって組織を大きくしたいという人には、何かのチームを作ってリーダーになってみることをオススメします。あなたが学生なら「サークル」、会社勤務中なら「社外の趣味サークルや勉強サークル」、主婦なら「地域サークル」を作ってみてはいかがでしょうか。リーダーになると、人間関係で悩む場面も出てくるでしょうが、将来のための肥やしだと考えてみませんか。そのサークルを核とした事業が生まれるかもしれませんしね。

おわりに

この本を手に取ってくださったあなた、一緒に作り上げてくださったみなさまへ

最初に、本書への協力をこころよく引き受けてくださった28名の起業家のみなさまにお礼を申し上げます。社長としての生き様、日々の苦労と試行錯誤、力強く前に進まれる姿に、感動と勇気をいただきました。本当にどうもありがとうございます。

私はもともと、上を向く人が好きです。起業家のみなさんは、どんな困難な道もかき分けようと努力する、そんな前向きな人。私が、起業や経営にたずさわる仕事がしたいと思う理由も、そこにあるのかもしれません。

人生の先輩達に伺っても、そもそも何事も、最初から上手くいくことなんてないようです。ラクして上手くいく、ではなく、失敗して、失敗して、工夫しているうちに活路を見出す、社長さん達はそうやって道を切り開いています。

起業とは、

〝起業家自身の「人生の目的」を目指して、小さな一歩を踏み出すこと〟なのだと思います。

いわば、自分が手に入れたいものを獲得するための挑戦。

長い人生では時期によって優先順位が変わったり、人は育った家族も趣味嗜好も違うので、それ

ぞれが考える成功の定義も、実はひとつではありません。起業家のみなさんにお会いしてきづくことは、それぞれ、見ている方向＝成功の定義が違うこと。株式上場を目指す、金銭的な成功、困っている人を助けること、業界慣習の改革、クリエイティブ活動の優先、家族との時間を増やすためなど。どの考え方も、正解なのだと思います。

あなたにとっての「成功」や「手に入れたいもの」はどのようなことですか？

人生は、悩みながら、もがきながら、自分で創りあげていくものではないでしょうか？　私もこんなたいそうなことを言っていますが、毎日つまずいて転ぶばかりです。きっと、間違っても、転んでもいい。まず、ほんの少し前に進んでみること。本書の中に、あなたらしい進み方のヒントが見つかれば幸いです。

最後になりましたが、本書を世に出すきっかけは株式会社翔泳社の泉勝彦さんが作ってくださいました。そして、編集の上野郁江さん。この本ができ上がったのも、上野さんの粘り強い取り組みのおかげです。そして取材記事などをまとめてくださった、伊藤真美さんが企画時に作ってくれた膨大なデータリストのことは忘れません。また、起業家へのインタビュー記事を連載する翔泳社「CAREERzine」の倭田須美恵さんにも、いつも感謝しております。デザイン、ＤＴＰ、営業部など、お世話になったたくさんのみなさまに感謝を申し上げます。そして、いつも支えてくれる家族にも、心からありがとうを言いたい。すべての出会いに感謝いたします。

滝岡幸子

本書内容に関するお問い合わせについて

このたびは翔泳社の書籍をお買い上げいただき、誠にありがとうございます。弊社では、読者の皆様からのお問い合わせに適切に対応させていただくため、以下のガイドラインへのご協力をお願い致しております。下記項目をお読みいただき、手順に従ってお問い合わせください。

●ご質問される前に

弊社 Web サイトの「正誤表」をご参照ください。これまでに判明した正誤や追加情報を掲載しています。

正誤表　　http://www.shoeisha.co.jp/book/errata/

●ご質問方法

弊社 Web サイトの「刊行物 Q&A」をご利用ください。

刊行物 Q&A　http://www.shoeisha.co.jp/book/qa/

インターネットをご利用でない場合は、FAX または郵便にて、下記“翔泳社 愛読者サービスセンター”までお問い合わせください。電話でのご質問は、お受けしておりません。

●郵便物送付先および FAX 番号

送付先住所　〒 160-0006　東京都新宿区舟町 5
FAX 番号　03-5362-3818
宛先　（株）翔泳社 愛読者サービスセンター

●回答について

回答は、ご質問いただいた手段によってご返事申し上げます。ご質問の内容によっては、回答に数日ないしはそれ以上の期間を要する場合があります。

●ご質問に際してのご注意

本書の対象を越えるもの、記述個所を特定されないもの、また読者固有の環境に起因するご質問等にはお答えできませんので、予めご了承ください。

※本書に記載された URL 等は予告なく変更される場合があります。
※本書の出版にあたっては正確な記述につとめましたが、著者や出版社などのいずれも、本書の内容に対してなんらかの保証をするものではなく、内容やサンプルに基づくいかなる運用結果に関してもいっさいの責任を負いません。
※本書に記載されている情報は 2013 年 12 月執筆時点のものです。商品の価格、店舗の情報などは変動することがありますのでご了承ください。

著者紹介

滝岡幸子

「ひとり起業塾」主宰、中小企業診断士・経営コンサルタント、ポテンシャル経営研究所代表。大手外資系コンサルティング会社・プライスウォーターハウスコンサルタント（現IBMビジネスコンサルティングサービス）で、多くの企業の戦略立案、業務改善に従事。2002年に独立後、少ない資金、低リスクで身軽に、自分らしい生活を目指す「ひとり起業」にこだわっている。起業家の生き方、中小企業が勝ち抜く戦略を考えることをライフワークとし、中小企業へのコンサルティング、講演・セミナー、執筆等で邁進中。著書に「図解　ひとりではじめる起業・独立」（翔泳社）、「はじめよう！　移動販売」（同文舘出版）。

【ホームページ】http://www.potential7.co.jp
【連絡先】stakioka@potential7.co.jp

STAFF

カバー / 本文デザイン　河南祐介・塚本望来（株式会社 FANTAGRAPH）
カバー / 本文イラスト　坂木浩子
本文 DTP　斉藤光洋（株式会社グレイド LA71）
編集協力　伊藤真美
編集　上野郁江（株式会社翔泳社）

ど素人《しろうと》がはじめる起業《きぎょう》の本《ほん》

2014 年 6 月 12 日　初版第 1 刷発行
2015 年 3 月 15 日　初版第 2 刷発行

著者　滝岡幸子
発行人　佐々木幹夫
発行所　株式会社翔泳社（http://www.shoeisha.co.jp/）
印刷・製本　日経印刷株式会社

ISBN978-4-7981-3787-2　Printed in Japan